シリーズ【実像に迫る】021

長篠の戦い

信長が打ち砕いた勝頼の〝覇権〟

金子 拓
kaneko hiraku

戎光祥出版

はしがき

本書は、天正《てんしょう》三年（一五七五）五月二十一日に三河有海原《みかわあるみはら》（愛知県新城市）において、武田勝頼《たけだかつより》率いる武田軍と、織田信長《おだのぶなが》・徳川家康《とくがわいえやす》が率いる織田・徳川軍が激突し、後者が大勝利を収めた長篠《ながしの》の戦《たたか》いの「実像」に迫ろうとするものである。

長篠の戦いは、織田・徳川軍が鉄砲《てっぽう》を用いた新戦術により、武田騎馬《きば》軍団をあざやかに打ち破り、〝戦術革命〟を起こした戦いとして知られる。ここでいう新戦術とは、鉄砲隊による交替射撃《こうたいしゃげき》を意味する。より厳密に言えば、三千挺の鉄砲隊を三列に編成し、三交替で射撃するという、いわゆる〝三段撃《さんだんう》ち〟のことである。しかし、近年における研究の進展で、この戦術の実態がきびしい批判にさらされた結果、右に述べた厳密な意味での〝三段撃ち〟はほぼ否定されたといってよい。当然ながら、それを前提としていた戦術革命としての長篠の戦い像も見直しが迫られている。

また一方で、敗れた武田軍側についても、騎馬軍団による突撃という戦い方への疑問が向けられ、そもそも近代的な騎馬隊や、「西部劇」に見られるような攻撃側全員が乗馬して集団突撃する戦い方は、日本の戦国時代では考えられず、騎馬した武士も戦うときは下馬していたといった主張がなされた。

この騎馬軍団への疑問、あるいは下馬戦闘論については批判もあって、なお議論の余地はあるものの、こうした長篠の戦いをめぐる近年の一連の研究は、いずれも今までの合戦像からいったん離れ、先行研究や関連史料の再検討によって導かれている。論争となり、双方の主張に開きがみられるとはいえ、それによって先行研究や関連史料の洗い直しがなされ、個々の主張がより明確にとらえられるようになっ

たのは、歓迎すべきことであった。

長篠の戦いについては戦術的側面だけでなく、戦いに至る武田氏と徳川氏との対立の歴史的経緯についても、関係史料の検討によって年次比定があらためられるなど重要な成果があり、より具体的にたどることが可能になった。本書ではこの成果を重視し、長篠の戦いがなぜあのような戦いになったのかという点に注目して、そこに至るまでの過程をしっかり確認したい。また、長篠の戦いにおける武田軍の大敗は、その後の長篠の戦い像、また敗軍の将・武田勝頼像に大きな影響をおよぼすことになった。後世、どのようにこの戦いが語られることになったのかという点にも目を向けたい。

以上、本書では長篠の戦い当日だけでなく、その前後にも目配りをして、長篠の戦いの全体像を述べたい。それがすなわち、この戦いのわたしなりの「実像」となるだろう。

長篠の戦いについては、旧来からのこの呼び方に対し、後年における古戦場付近の呼称を付して「長篠・設楽原《したらがはら》の戦い」と言われるようになった。この呼び方については、いくさの顚末《てんまつ》を叙した重要史料である太田牛一《おおたぎゅういち》の『信長記《しんちょうき》』（『信長公記《しんちょうこうき》』とも呼ばれるが、本書では『信長記』とする）で古戦場を「有海原」とすることから批判もある。ただ、たとえば織田・徳川方武士の末裔による系図記事はもとより、武田方でこのとき討ち死にした武士に対しても、「三州長篠において討死」とする表現が散見されるので（「大須賀家文書」『戦国遺文武田氏編』二七五三号など）、本書ではこれまでどおり全体を「長篠の戦い」と呼ぶことにしたい。

二〇一九年十二月

金子　拓

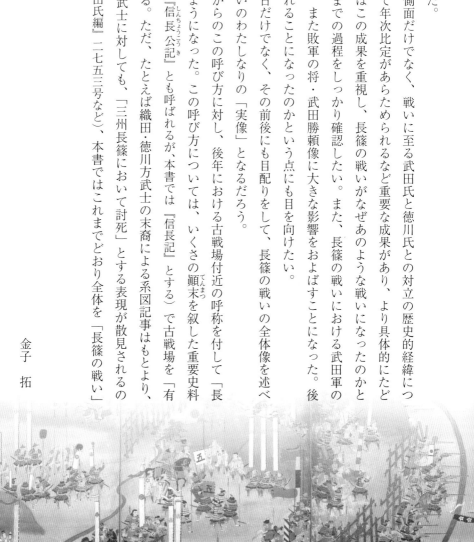

❖シリーズ【実像に迫る】021

長篠の戦い 信長が打ち砕いた勝頼の〝覇権〟 目次

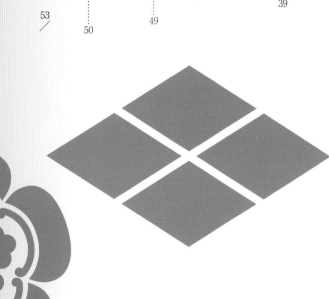

長篠の戦いを語る宝物

長篠合戦図屏風（部分）■長篠の戦い像を視覚化した貴重な史料。本屏風は数ある長篠合戦図屏風のなかで、もっとも著名であり、尾張藩付家老の犬山城主成瀬家に伝わったものである。鉄砲での戦いや武将の討ち死になど当時の様子を彷彿とさせる　犬山城白帝文庫蔵

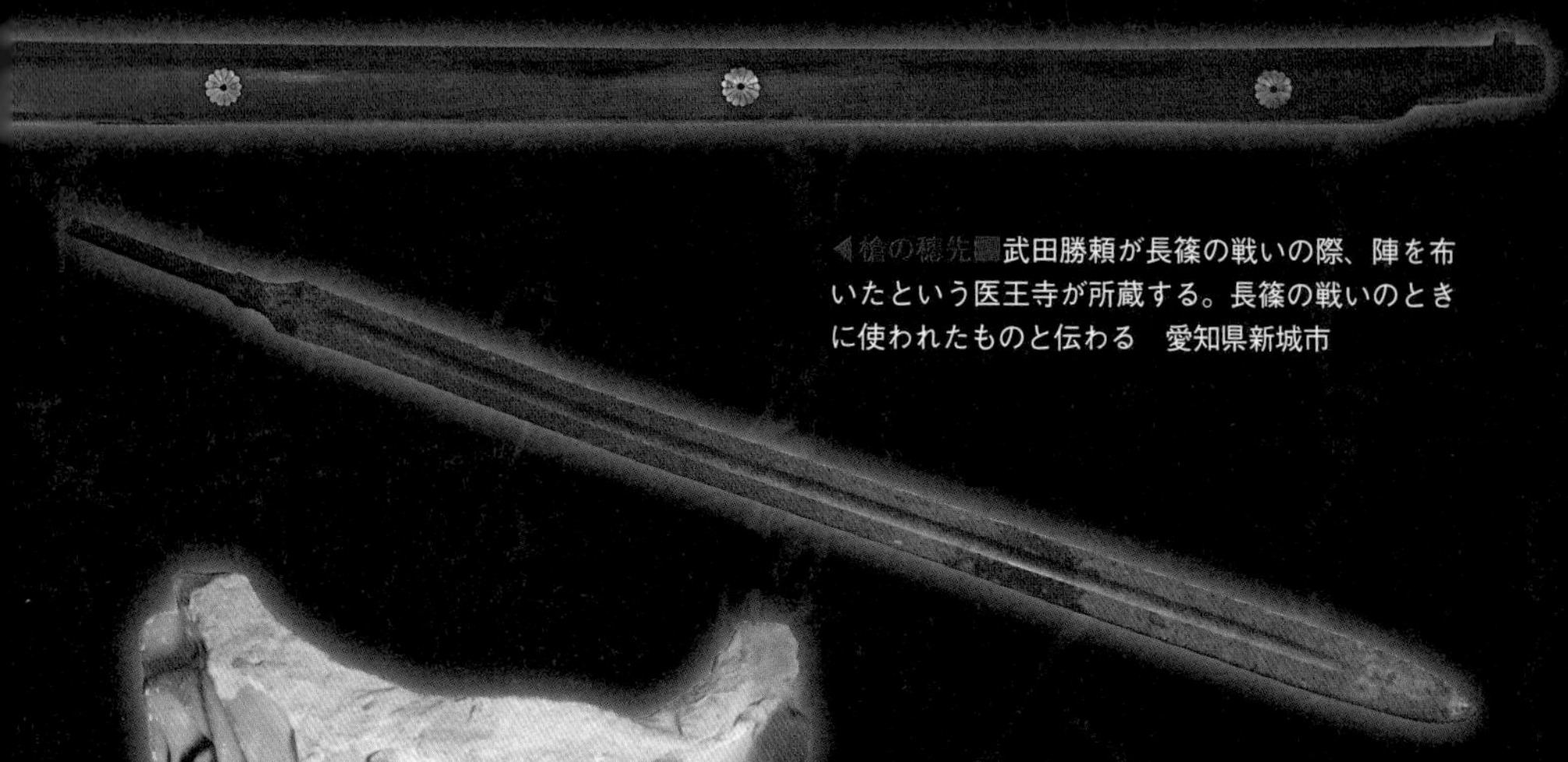

◀槍の穂先■武田勝頼が長篠の戦いの際、陣を布いたという医王寺が所蔵する。長篠の戦いのときに使われたものと伝わる　愛知県新城市

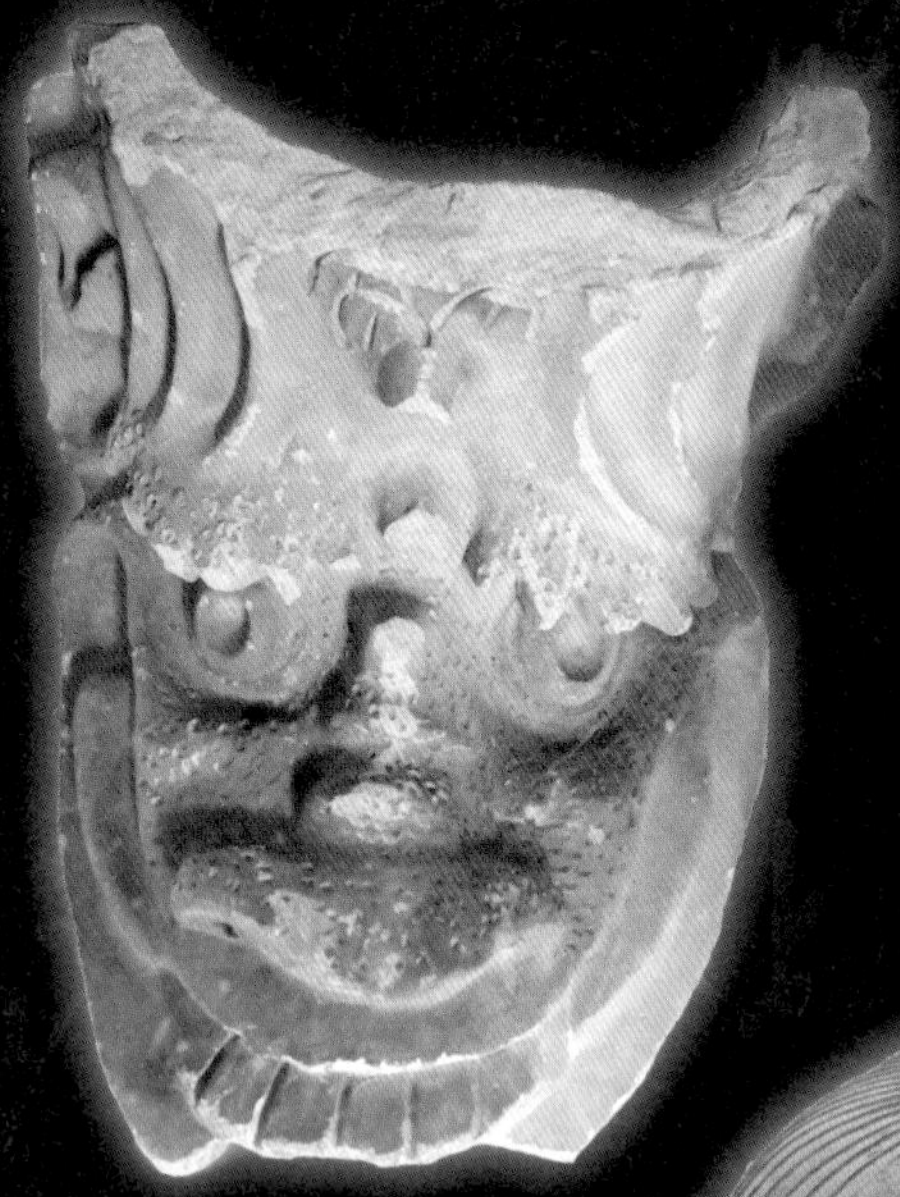

◀長篠城野牛門の瓦■城の南側にあり、武田軍の攻撃も受けた野牛門の瓦である　愛知県新城市・医王寺蔵

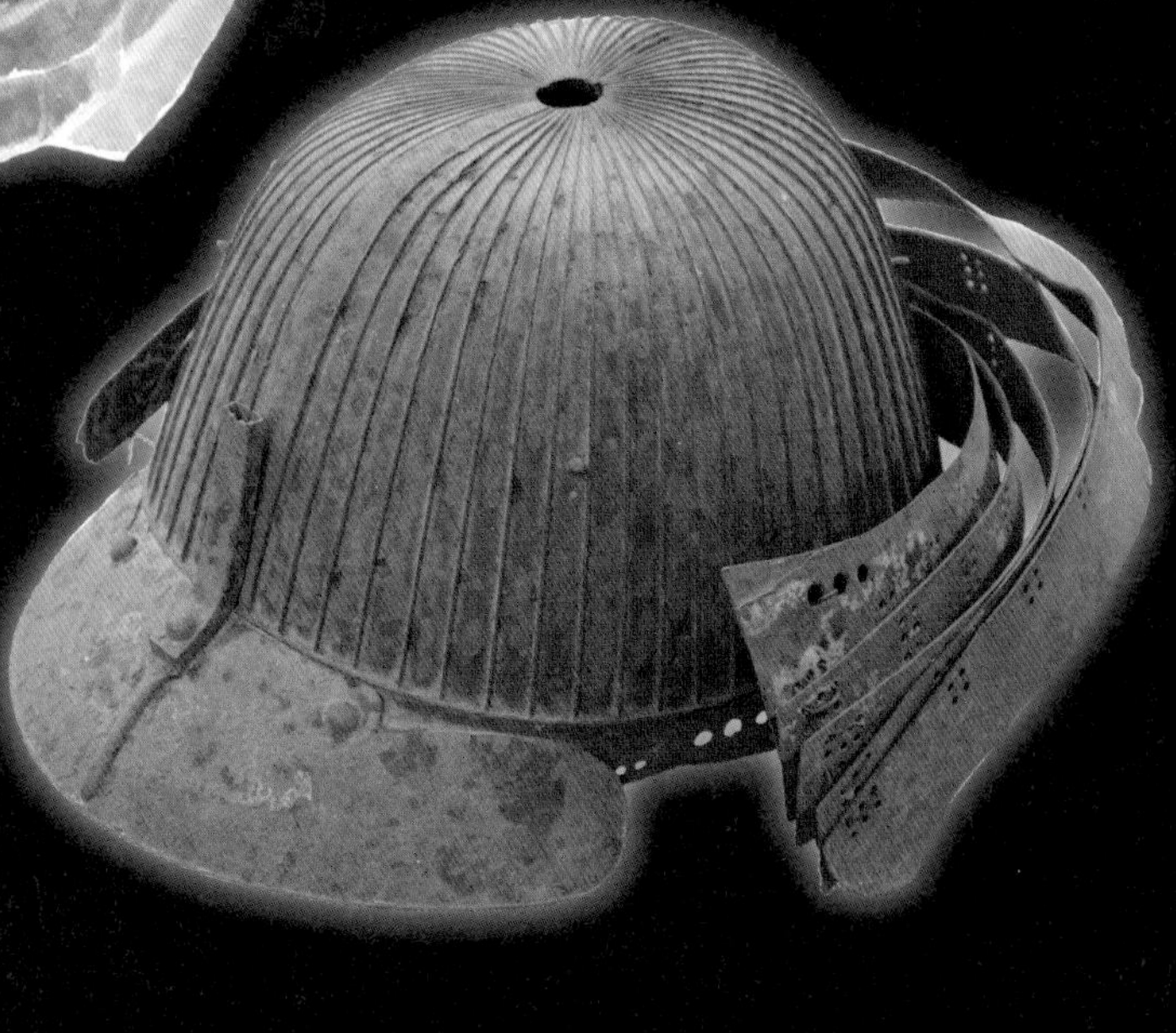

▶六十二間筋兜■槍の穂先と同様、医王寺に伝来したもので、武田軍の遺品といわれている　愛知県新城市

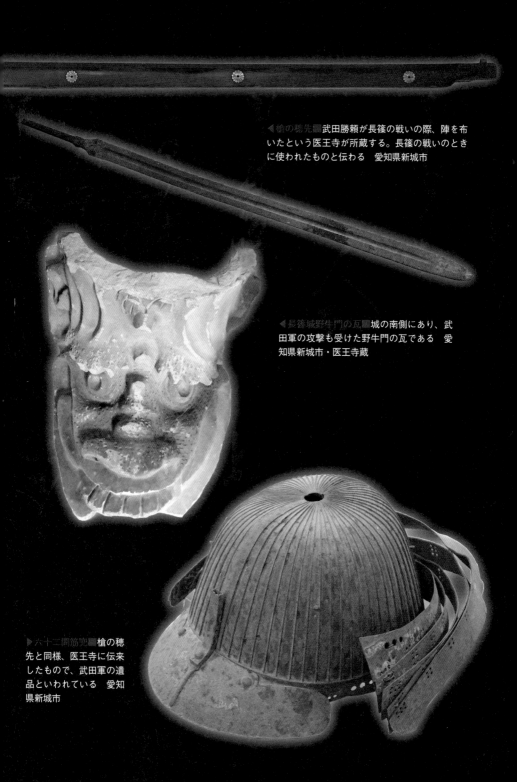

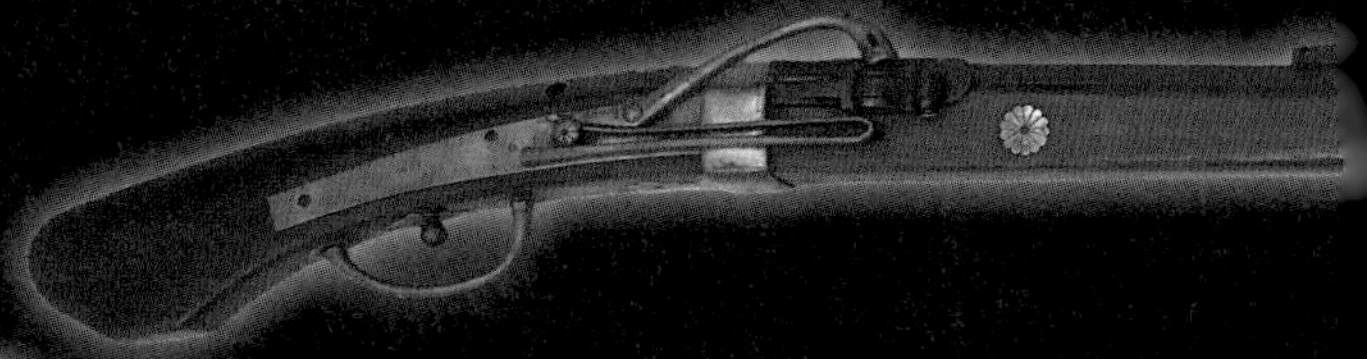

▲火縄銃■戦国時代に日本で製造されていたものである。長篠の戦いでもこのような火縄銃が使われた　新城市長篠城址史跡保存館蔵

◀紺糸縅五枚胴具足■長篠城救援のため、最後は磔にされた鳥居強右衛門の子孫が奥平氏から拝領したものといわれている　愛知県新城市・新昌寺蔵　新城市長篠城址史跡保存館寄託

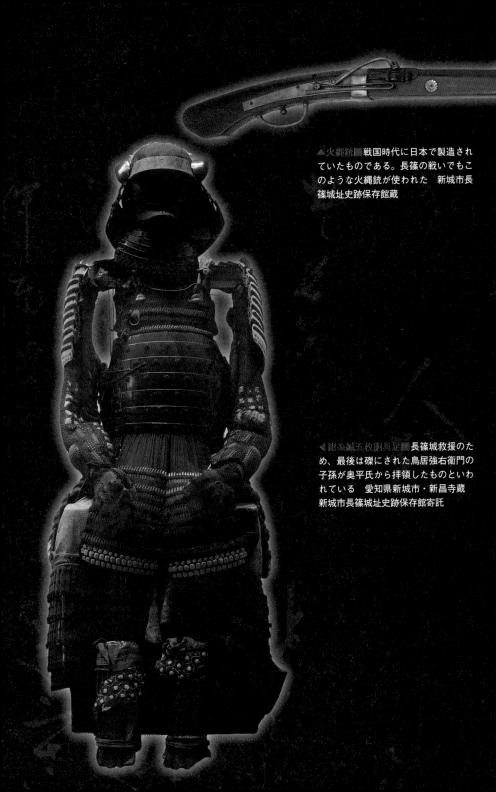

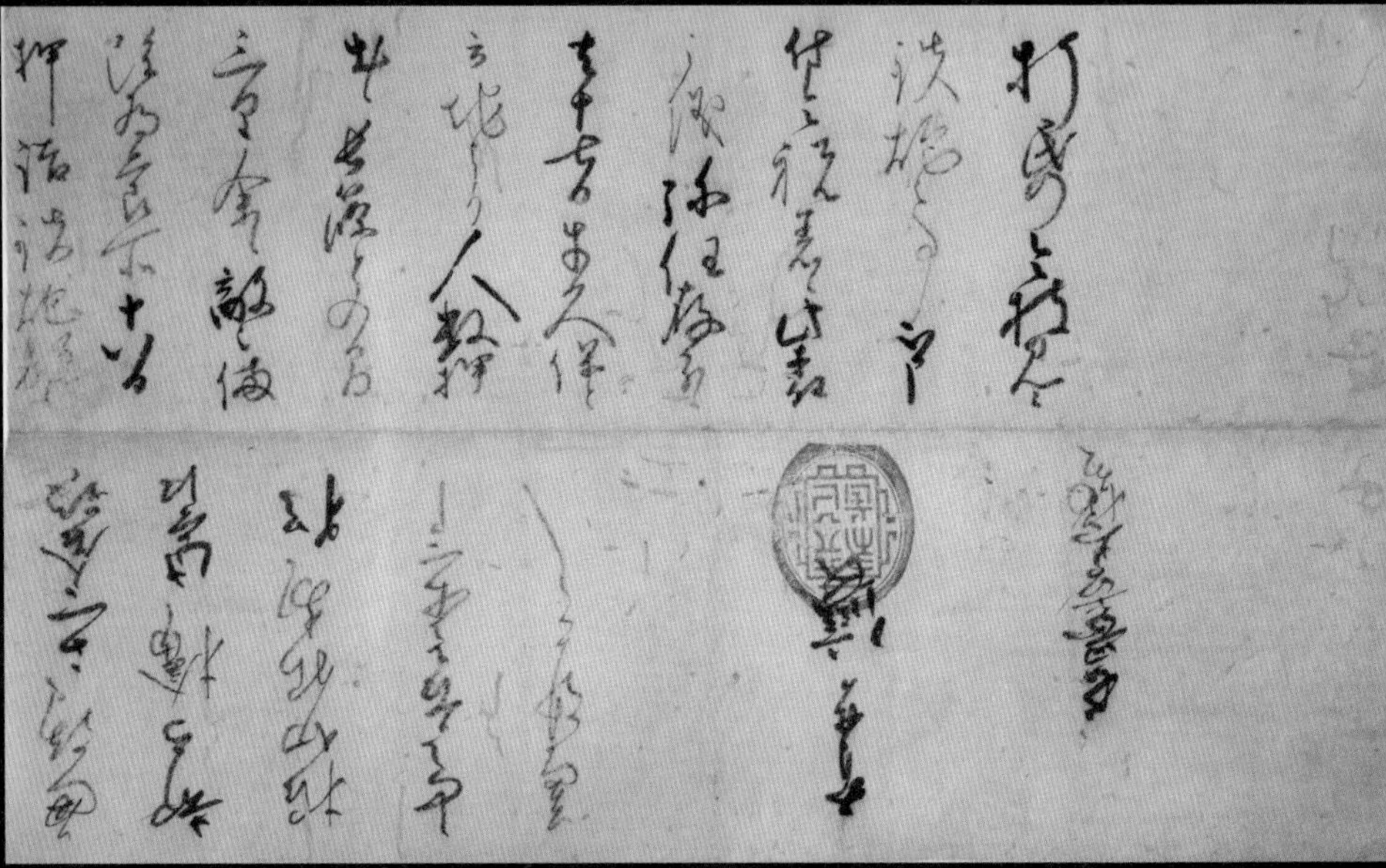

▲織田信長黒印状 長篠の戦い前日に出されたもの。作戦は信長の計画通りに進み、長篠に向けて軍勢を進軍させ、三里あまりのところまで迫ったことや武田軍の布陣地に鉄砲を放ったことなど、戦いの具体的な状況をつぶさに伝えている（本文 65 頁参照） 永青文庫蔵

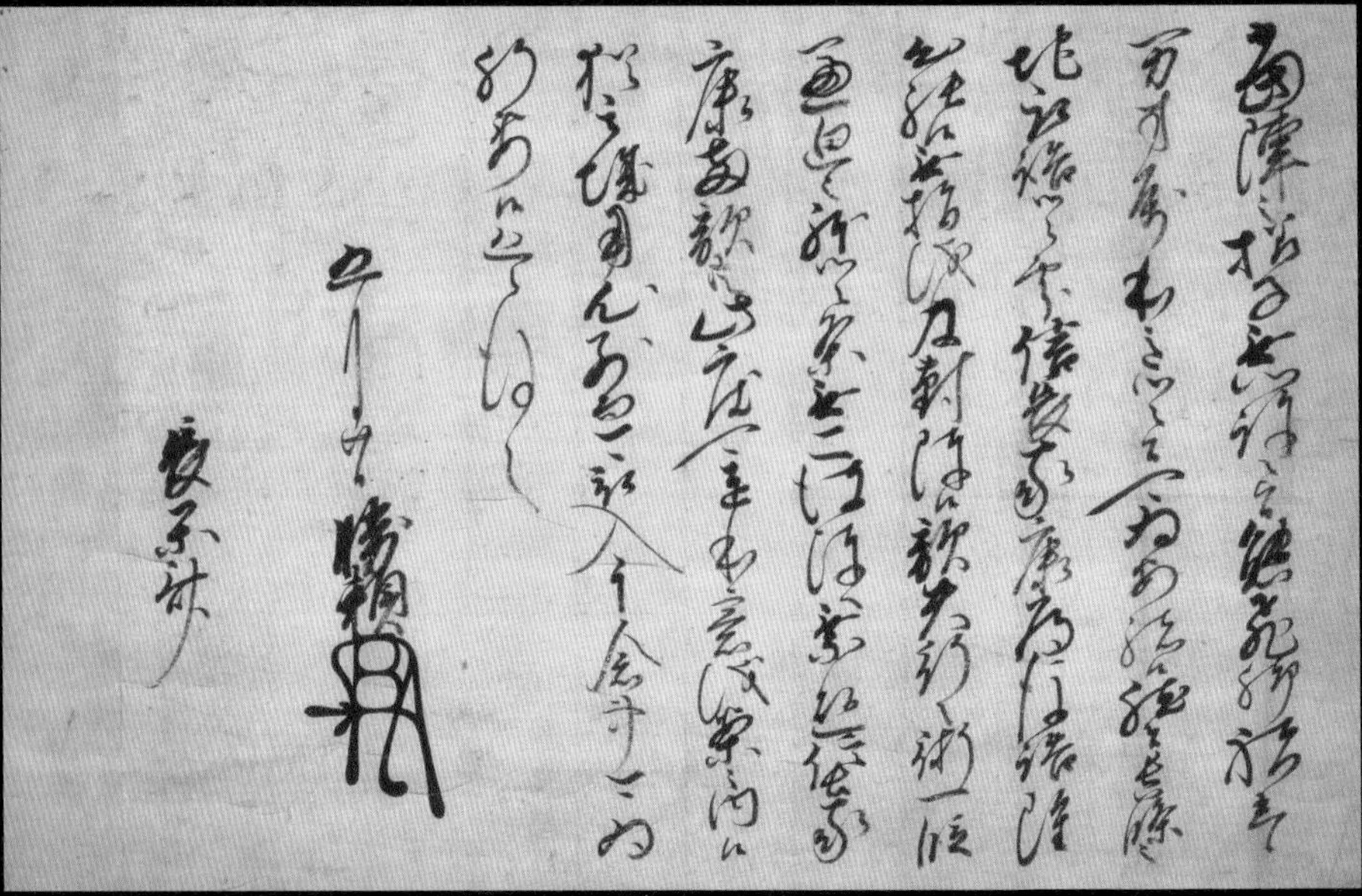

▲武田勝頼書状 信長の黒印状と同じく長篠の戦い前日に出されたもの。戦況は勝頼の思い通りになっており、信長・家康も出陣してきたが、なすすべを失い、困っているようだと書かれている。勝頼の当時の認識がよくわかる（本文 68 頁参照） 東京大学史料編纂所蔵

第一部　長篠前夜

武田信玄の死去をきっかけに、反対攻勢に動く徳川家康。奥三河で最大勢力を誇った奥平氏は武田氏を見限り、徳川方として軍事の要衝・長篠城に入る。緊張が高まる情勢のなか、織田信長が立てた作戦とは？

上：織田信長画像■愛知県豊田市・長興寺蔵　画像提供：豊田市郷土資料館
下：武田勝頼画像■山梨県甲府市・法泉寺蔵

第一章 長篠城と山家三方衆

■鍵を握る山家三方衆■

長篠の戦いの重要な舞台のひとつとなった三河長篠城（愛知県新城市）は、寒狭《かんさ》川《がわ》（いまの豊川《とよかわ》）と大野川《おおのがわ》（いまの宇連川《うれがわ》）の合流点北部に扇状に広がる台地上に構築された城郭である。河川の合流点に位置するうえ、東三河の中心である吉田《よしだ》城（愛知県豊橋市）や遠江《とおとうみ》の浜松《はままつ》城（静岡県浜松市）からも近く、吉田と信濃飯田《しなのいいだ》をむすぶ街道上にある交通の要に位置した。また、それぞれの川岸が三〇メートルから五〇メートルほどの断崖《だんがい》となっており、軍事的な要衝でもあった。

東三河北部、現在では「奥三河《おくみかわ》」とも呼ばれている山間部、信濃国・遠江国と接する設楽郡には、戦国時代、「山家三方衆《やまがさんぽうしゅう》」と呼ばれた国衆《くにしゅう》が割拠し、隣国の大名である武田氏・今川《いまがわ》氏・徳川氏（松平《まつだいら》氏）・織田氏に挟まれ、相互に婚姻をむすんで連携しつつ、その時々の状況によって周囲の諸大名に従ったり、離れたりしながら支配を展開していた。

山家三方衆は、田峯《だみね》（愛知県設楽町）の菅沼《すがぬま》氏、長篠の菅沼氏、そして作手《つくで》（同新城市）

現在の豊川■長篠城は豊川を利用し、守りを固める城であった　愛知県新城市

の亀山《かめやま》城に拠った奥平《おくだいら》氏の三氏とされる。もともと作手は菅沼氏が支配していたのだが、その後、菅沼氏は田峯に拠点を移し、勢力を広げて一族が長篠や野田《のだ》に拠ることになる。

奥平氏はもともと上野国甘楽郡奥平村（群馬県高崎市）に出自を持ち、南北朝時代から室町時代にかけての頃に三河に移住したとされる。三河では作手の亀山城を拠点とし、周辺に一族を配置して勢力を広げていった。

山家三方衆は、十六世紀中頃の天文年間あたりには、駿河・遠江の大名である今川氏になかば従属していたようだが、永禄三年（一五六〇）に起きた桶狭間《おけはざま》の戦い以降、多くが徳川家康に従属した。さらに同十二年に今川氏真《うじざね》が武田信玄と家康の侵略を受け、領国を奪われると、ほとんどが徳川氏に従った。

田峯城跡遠景■田峯菅沼氏の居城。現在、本丸御殿・大手門・物見台が復元されている　愛知県設楽町
画像提供：設楽町観光協会

ところが、元亀三年（一五七二）十月に信玄が家康・信長との敵対を決意し、家康の領国遠江・三河への侵攻を開始した。そのとき三方衆は武田氏になびき、三方原《みかたがはら》の戦いでは信玄の麾下で従軍したという。

武田氏の三方衆に対する姿勢は、彼らの

武田信玄画像■甲斐の戦国大名。三方原の戦いでは、徳川軍を圧倒して勝利した。山家三方衆のような国衆は、大きな勢力に挟まれていたため、武田氏のような軍事的にも強大な勢力に付き、生き残りをはかっていた　個人蔵

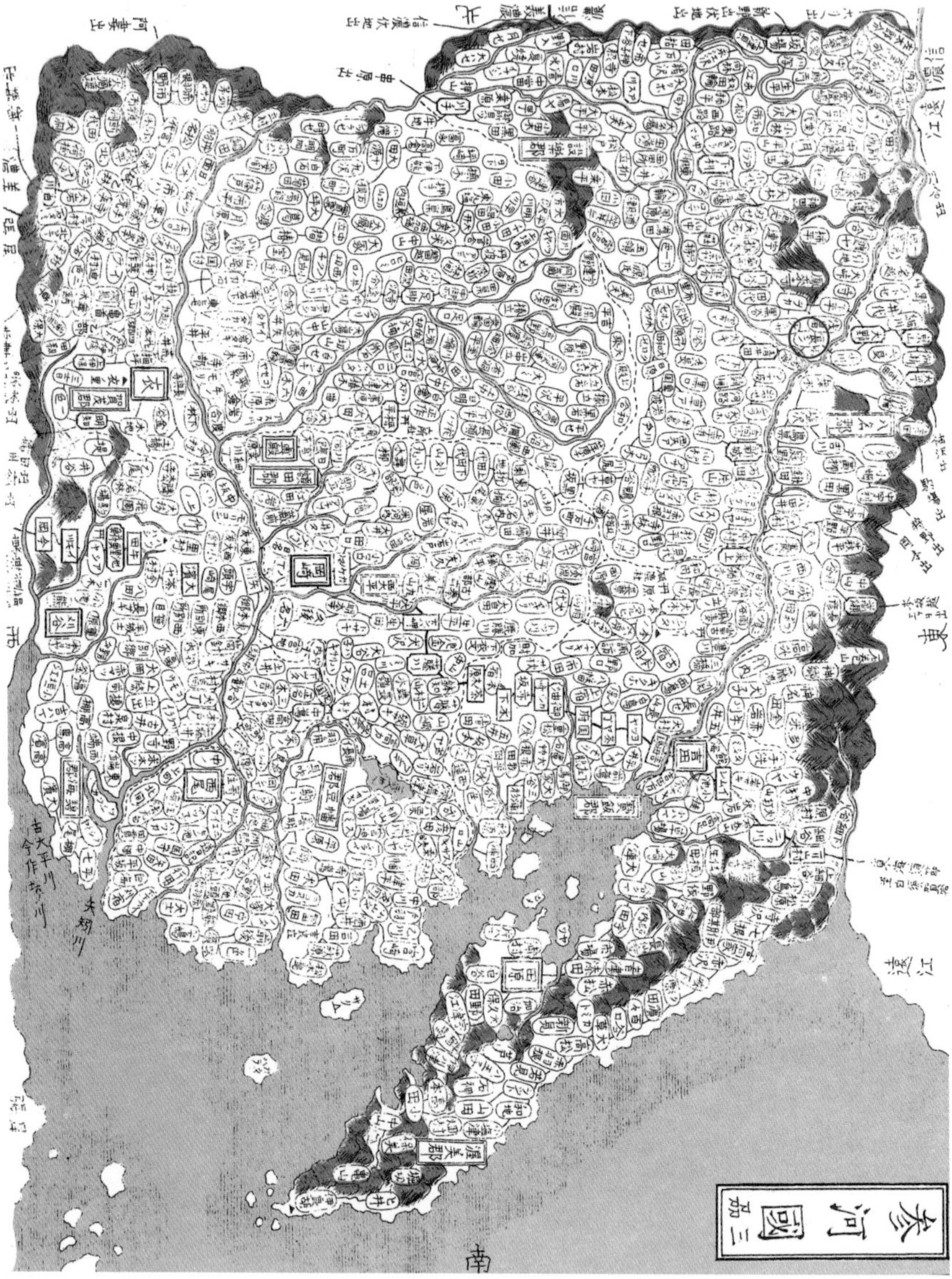

三河国絵図■長篠や山家三方衆がいた設楽郡のほか、吉田・岡崎などの要所が描かれている。赤丸で囲んだところが長篠である　当社蔵

支配領域を安堵するというものであり、三方衆のなかで生じた所領をめぐる対立については、介入することなく、三方衆内で解決するようにというものであった。この方針が、後述する奥平氏の離反をまねいた原因だとされている。

武田氏宿老・春日《かすが》虎綱《とらつな》の口述をもとに江戸時代初期に成立した『甲陽軍鑑《こうようぐんかん》』に見える配下諸将の軍役一覧によれば、奥平美作守《みまさかのかみ》一五〇騎、菅沼文左衛門《ぶんざえもん》（長篠）四〇騎、菅沼信三郎《しんざぶろう》（田峯）四〇騎とある。三方衆のなかでも奥平氏は群を抜いて大きな勢力であったことがわかる。

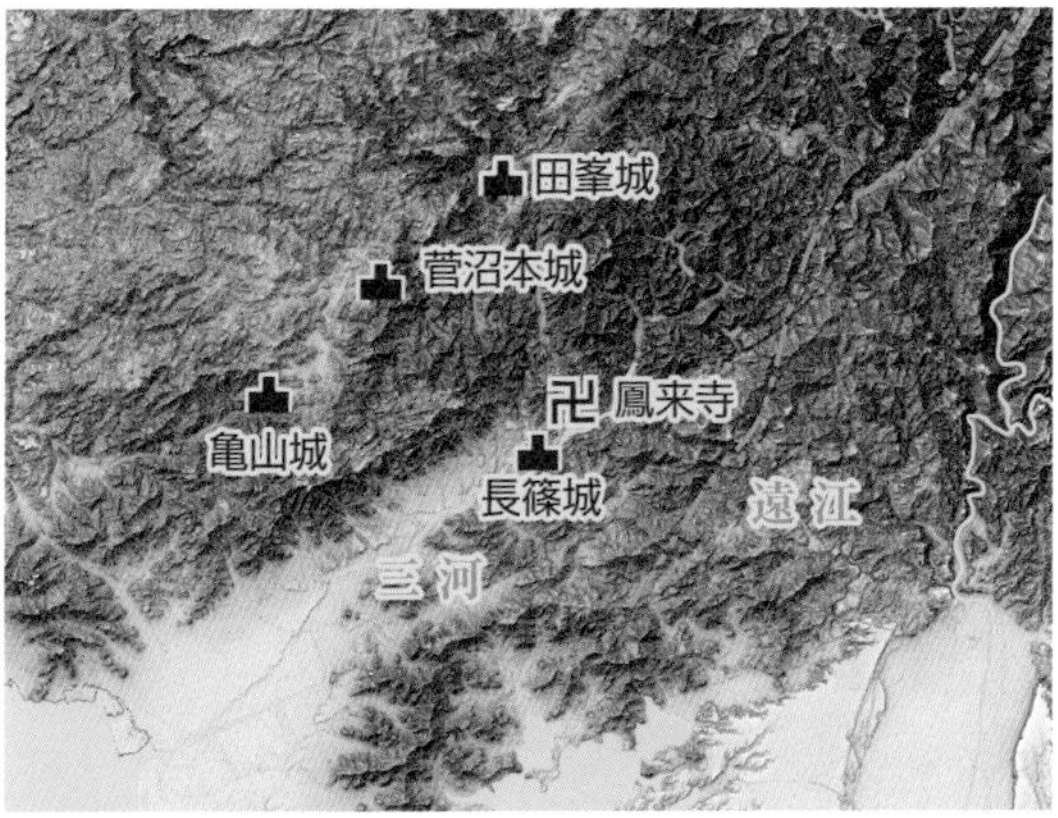

地図1　山家三方衆位置図（地形は現在の地形。以下、同じ）

■徳川家康の長篠城攻め■

武田信玄は三方原の戦いにつづく三河攻めのなかで病が重篤化《じゅうとくか》し、元亀四年四月に没した。武田氏の家督を継いだ勝頼は、同年六月晦日、三方衆である長篠の菅沼正貞《まささだ》・田峯の菅沼定忠《さだただ》・作手の奥平定能《さだよし》に対し、信玄の所領安堵をひきつづき保証した（「松平奥平家古文書写」武二一三一号。本書で使用する史料集の表記については一〇八頁

武田信玄の墓■現在の墓石は、信玄の百回忌にあたる寛文十二年（一六七二）四月十二日に建立されたものである　山梨県甲州市・恵林寺境内

徳川家康画像■織田信長の同盟相手で、三河国をめぐって武田氏と争いを続けていた　埼玉県行田市・忍東照宮蔵　画像提供：行田市郷土博物館

の【後記】を参照。以下、同じ）。ところがその二ヶ月ほどのち、定能は武田家から離れ、家康に従ってしまう。

信玄病没を知った家康は、すぐさま武田氏領国への反対攻勢に入った。一説によれば駿河に入ったとされ、また遠江掛川《かけがわ》にも出陣したという。十七世紀後半に成った史書『治《ち》世元記《せいげんき》』によれば、家康は吉田城（城主は酒井忠次《さかいただつぐ》）に入り、五月には長篠城を下見したとされる。このとき長篠城には、山家三方衆の長篠菅沼氏（伊豆守満直《いずのかみみつなお》・右近助《うこんのすけ》正貞）に加え、信濃小県《ちいさがた》郡の国衆室賀信俊《むろがのぶとし》や小笠原信嶺《おがさわらのぶみね》の一族・家臣らが入り、守っていた。

江戸時代初期に成立し、内容も比較的信頼のおける史料とされる『当代記《とうだいき》』によれば、家康は七月二十日から長篠城攻撃を開始した。徳川軍が城内に火矢《ひや》を射入れたところ、建物が焼失したという。寛永《かんえい》三年（一六二六）に成立した『三河物語《みかわものがたり》』では、「本城・は（端）城・蔵屋共に一間（軒）ものこらず」焼失したとされる。これによって長篠城の城兵は追い詰められた。

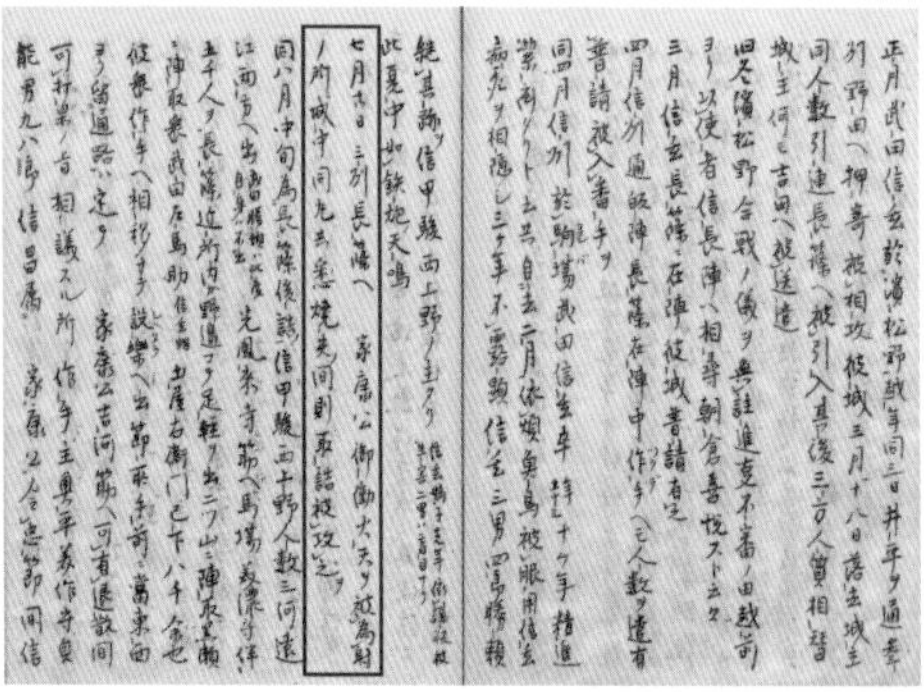
『当代記』天正元年七月二十日条■四角で囲んだ部分で、徳川軍の火矢による攻撃など戦いの様子が書かれている　国立公文書館蔵

勝頼は長篠城を助けるため、従弟《いとこ》の信豊や重臣の馬場《ばば》信春《のぶはる》が率いる軍勢を差し向けた。信豊たちはこのとき奥平氏の作手（亀山城）に入った。作手には奥平一族のほか、信濃衆も在番していた。勝頼は、七月晦日付けで奥平道紋《どうもん》（貞勝）・定能父子に宛て、自身もいずれ出陣予定であることを伝え、すでに派遣している武田方の諸将と相談しながら徳川軍を攻撃するように命じている（「松平奥平家古文書写」武二一四二号）。

■奥平氏が離反する■

ところがこの直後、定能とその子（つまり道紋の孫）信昌《のぶまさ》は家康に内通し、武田氏から離反する。八月二十日付けで家康がふたりに宛てた＊起請文《きしょうもん》の写しが伝わる（『譜牒余録《ふちょうよろく》』）。このなかで家康は次のようなことを約束している。

①今回取り交わした縁談《えんだん》により、九月中には祝言《しゅうげん》を執りおこなう。
②本領や日近《ひしか》（比志賀・愛知県額田町）、遠江の知行を安堵する。
③田峯菅沼氏や長篠菅沼氏の知行地についてもふたりにあたえる。
④新たに知行地三千貫をあたえる。このうち半分は三河、残りは遠江にてあたえる。
⑤三浦氏の旧領については、今川氏真に事情を説明して相談する。
⑥信長から起請文を出してもらって進める。信濃伊《い》那《な》郡のことについても信長に

＊起請文■神仏に誓い契約を交わした文書。戦国時代では大名同士が同盟・外交などの約束を取り交わす際に出された。

系図1　奥平氏略系図

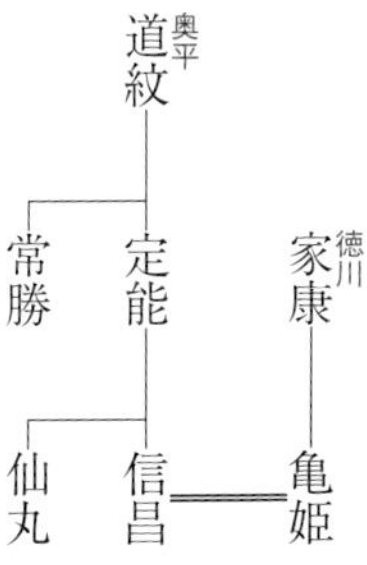

奥平信昌画像■三河国作手の亀山城を拠点にしていた国衆で、徳川氏と姻戚関係を結んだこともあり、長篠城の守備という重要な役割を担うことになった　岐阜市・盛徳寺蔵

取り次ぐ。

①にある縁談・祝言とは、信昌と家康長女亀姫との婚姻を指す。家康は、息女を信昌に娶《めと》らせるだけでなく、山家三方衆の両菅沼氏の知行地や新たな知行地の給付を約束し、さらに信長からも起請文を出してもらうことを約束している。対武田氏の作戦を進めるうえで、家康の背後にいる信長の保証も獲得するなど、定能父子に対する厚遇は明らかである。この家康による好条件の提示により、定能父子は徳川方につくことを決意したのだろう。

勝頼は、八月二十五日付けで宿老山県昌景《やまがたまさかげ》に宛て書状を出し、穴山信君《あなやまのぶただ》や武田信廉《のぶかど》らと談合して長篠城を支援するよう命じている（「尊経閣古文書纂」武二二五五号）。まだこの時点で、おそらく勝頼は離反を知らない。定能父子と徳川方との交渉が始まった時期については、長篠城の攻防戦が始まった七月二十日以降に本格化したのではないかといわれているが、少なくとも右に紹介した家康の起請文が八月二十日付けで出されて以降、定能父子が決断したことは間違いない。

武田二十四将図に描かれた武田信廉■信玄の弟で、出家後は逍遙軒信綱と名乗った。長篠の戦いでは山県昌景に次ぐ二番隊を率いた。父信虎の画像を描くなど画家としても才能を発揮した　柳沢文庫蔵

地図２　長篠・亀山・宮崎位置図

もっとも、作手の奥平一族が一枚岩で武田氏から離反したわけではなかったようである。『当代記』によれば、道紋や定能の弟常勝《つねかつ》らは亀山城に籠城したままだったという。後年の史料では、道紋は定能らが相談なしに離反を決断したことに立腹した（しかしその後、合流した）とされる。亀山城から立ち退くことを拒否したという説もある。

このため定能父子の離反は、彼らが亀山城から脱出するというかたちでおこなわれた。数百人程度の兵が従ったとされる。徳川氏からも、彼らの脱出を支援するための軍勢が派遣された。

武田軍の一部が拠っていた亀山城が徳川方に奪われたわけではなかっ

亀山城跡遠景■応永三十一年（一四二四）、奥平貞俊によって築城されたといわれている。東西三河どちらとも直線距離で等しい場所に立地し、陸上交通の要衝をおさえていた　愛知県新城市　画像提供：新城市設楽原歴史資料館

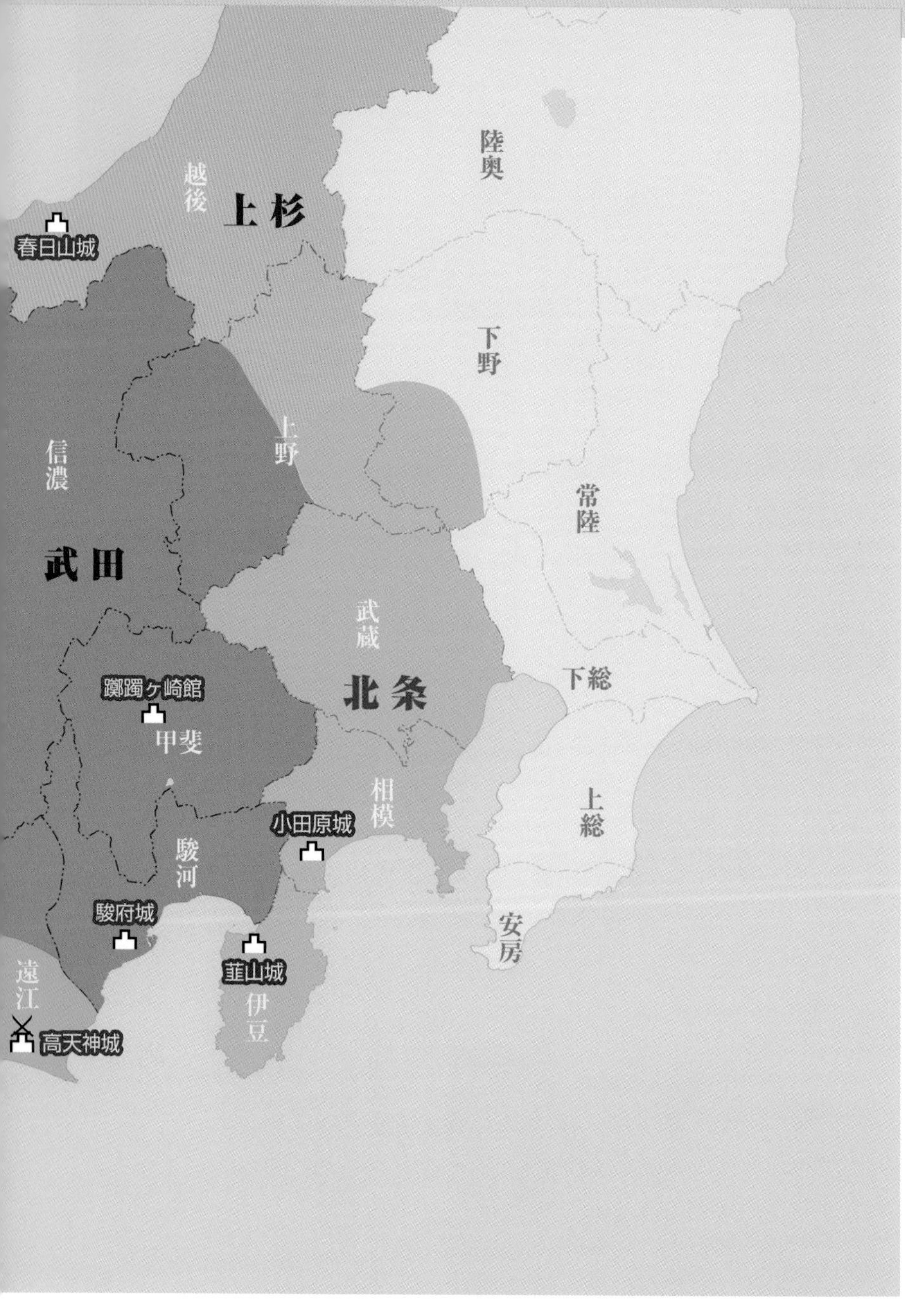
陸奥
越後
上杉
春日山城
下野
上野
信濃
常陸
武田
武蔵
下総
躑躅ヶ崎館
北条
甲斐
相模
上総
小田原城
駿河
駿府城
安房
韮山城
遠江
伊豆
高天神城

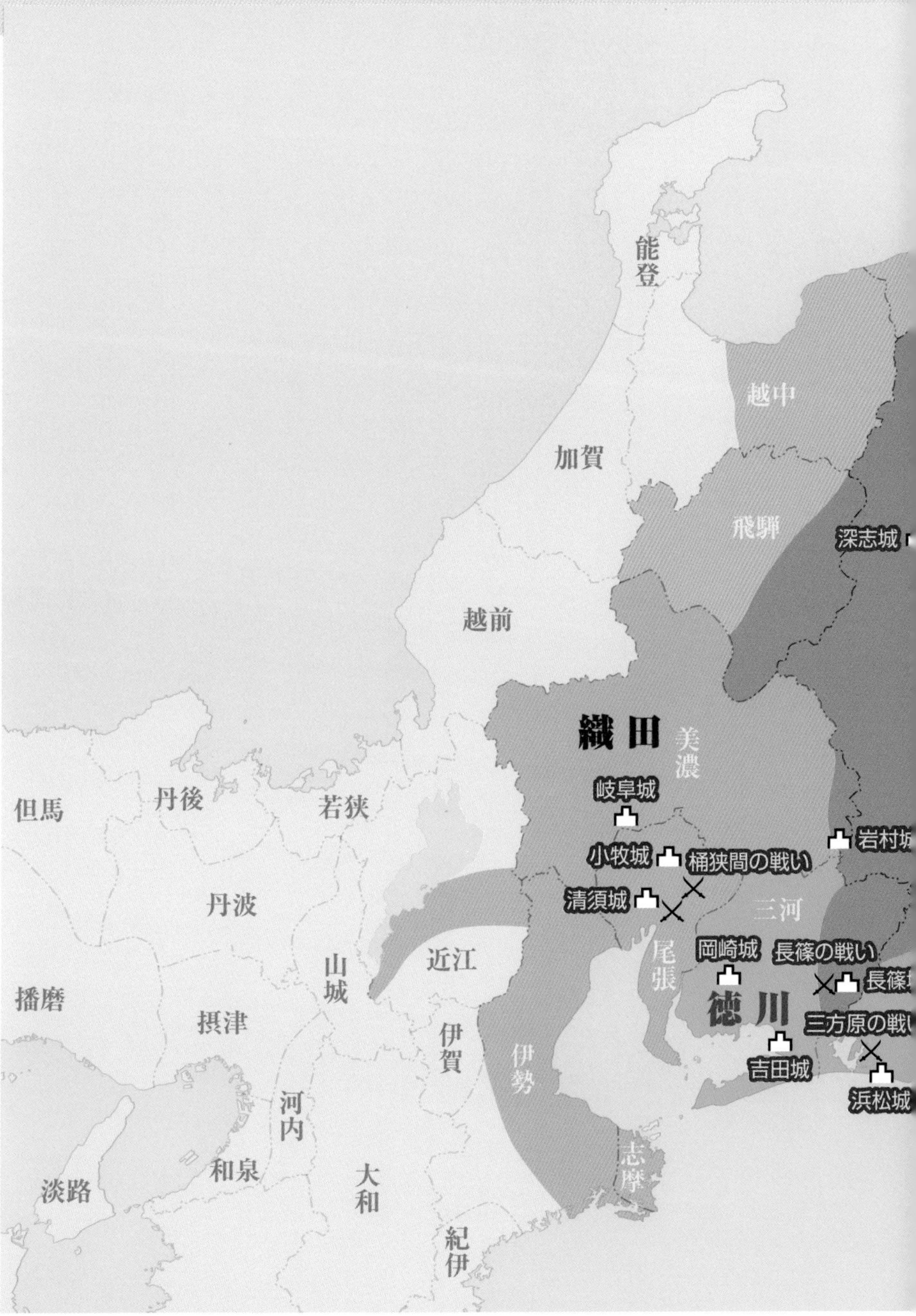

地図３　信玄死去頃の勢力図

たが、ある程度の兵が定能父子を追撃し、徳川方の援軍に警戒せざるをえなくなったこともあり、長篠城を包囲する徳川軍を挟撃しようとしていた勝頼の作戦は変更を余儀なくされた。長篠城支援をまっとうできなくなってしまったのである。

その結果、長篠城の守将であった室賀信俊や菅沼氏らは、九月八日に降伏し、長篠城は開城された(『当代記』)。信俊らは助命されて鳳来寺筋《ほうらいじすじ》に送致された。家康は、奪った長篠城に一族の*五井松平景忠《ごいまつだいらかげただ》らを置き、遠江の武田軍を掃討するために陣を移した(『五井深溝松平同姓系譜《ごいふこうずまつだいらどうせいけいふ》』『松平記』)。かくして長篠城は徳川氏の支配下に入った。

亀山城を脱出した定能父子は、来援した徳川軍と合流し、武田軍が守る亀山城をうかがったものの、攻撃するまでには至らず、逆に宮崎《みやざき》(愛知県額田町)の瀧山《たきやま》城まで後退せざるをえなかった。一説では、武田軍が追撃してきたため応戦したが、防ぎきれずに宮崎まで退いたという。『当代記』は、これを八月二十六日のこととする。

定能父子の離反によって、武田氏に人質として預けていた定能の子・仙丸《せんまる》以下は殺害された。磔《はりつけ》にされたといわれている(『寛政重修諸家譜』)。定能らは瀧山城を修築するなどして防禦を固め、武田勢が攻撃を仕掛けてきても撃退した。『当代記』はこれを九月二十一日のこととしており、この時点で彼らは宮崎周辺から武田氏の脅威を取り除くことに成功したといえよう。

＊五井松平景忠■五井松平家五代目の当主。家康に従い、長篠の戦いのほかにも姉川の戦い、三方原の戦い、小牧・長久手の戦いなど各地を転戦し、活躍した。三河国宝飯郡五井(愛知県蒲郡市五井町)を領したことから、五井松平氏と称した。五井のほかに、竹谷・形原・大草・深溝・能見・長沢・大給・滝脇・福釜・桜井・東条・藤井・三木といったように多くの松平一族が存在した。

■武田氏による東美濃・遠江高天神城攻略■

いま述べたように、天正元年（一五七三）八月（元亀四年は七月二十八日に天正と改元される）、武田氏から離反した奥平定能・信昌父子は、宮崎（愛知県額田町）の瀧山城に入ったとされる。『当代記』はこのときの城の状態を、「いまだ塀もこれなく、柵ばかりの体なり」とする。拠点とするには貧弱な設備だったようである。

九月に父子の籠もる瀧山城を攻撃したものの落とすことができなかった武田軍は、その後、直接的に同城を攻撃することはなかった。

年が明けた天正二年、武田勝頼は三河ではなく、東美濃に侵入した。正月二十七日に武田軍が岩村口《いわむらぐち》から侵入し、明知城《あけち》（岐阜県恵那市）を取り巻いたという知らせを受けた織田信長は、二月五日、尾張・美濃両国の軍勢を率い、嫡男信忠《のぶただ》とともに支援のため出陣した（『信長記』）。

信長は、二月四日付けで重臣の佐久間信盛《さくまのぶもり》に宛てた朱印状のなかで、「幸いなことなので、敵が退かないようにして、報告してよこしなさい。自分自身が出陣して討ち果すつもりである」と述べ、防禦《ぼうぎょ》に力を入れることを命じている（「古文書雑纂」信四四二号）。信盛はこの方面（対武田氏）における司令官だったとおぼしい。

織田軍は御嵩《みたけ》（岐阜県御嵩町）を経て神篦《こうの》（同瑞浪市）に着陣した。ところが、この地域は山あいだったため効果的な作戦が展開できず、手をこまねいていたところ

明知城の武者走り跡■遠山氏の居城で、別名・白鷹城とも呼ばれる。標高五三〇メートルの山に築かれ、地形を巧みに利用した城といわれている。「武者走り」は城壁や城のまわりの土手の内側にもうけられた通路のことである　岐阜県恵那市

に、明知城中において離反者が出て城が武田方に渡ってしまった。やむなく信長は家臣・河尻秀隆《かわじりひでたか》に神篦城を修築するよう命じて配置し、岐阜に戻った。

勝頼は、次の標的を遠江高天神城《たかてんじん》（静岡県掛川市）に据えた。高天神城は今川方の国衆小笠原氏助《うじすけ》が城主であったが、永禄十二年（一五六九）以降、徳川家康に従属していた。勝頼が出陣したのは五月上旬頃であり、武田軍は城の周囲を厳重に取り囲んだ。

このとき信長は京都にあったが、同月末に岐阜に帰っていた。そこに六月五日、高天神城危急の知らせが届き、支援のため信忠とともに出馬している。『信長記』には十四日に出馬したとあるが、『年代記抄節《ねんだいきしょうせつ》』では、十二日に信忠と信盛が先に浜松城に入り、十四日に信長が岡崎《おかざき》城に入ったとある。

ところが、この時点で武田軍は堂ノ尾と呼ばれる曲輪を奪い、残るは本丸と二の丸ふたつの曲輪のみになっていた（「武州文書」武二二九五号）。信長は十七日に三河吉田城に入り、十九日に今切《いまぎれ》を渡って高天神城に向かおうとしたところ、氏助が武田方に降伏し、城が落ちたという知らせが届いたため、

地図４　東美濃関係位置図■青は織田・徳川方、赤は武田方の城

吉田に撤兵せざるをえなかった。かくして天正二年の前半時点で、勝頼は東美濃と遠江の織田・徳川領国への侵攻に一定の成果をあげたのである。

『当代記』によれば信長は、家康に対して「諫言《かんげん》」をおこない、遠江の所々が荒廃していたので、耕地の復興のために黄金を贈ったという。信長が黄金を家康に贈ったことは『信長記』にも見え、そこでは「御兵粮代」という名目が記されている。

■奥平信昌の長篠城入り■

天正二年（一五七四）の後半は、織田・徳川氏の支配地域に対する武田軍の目立った動きは見られない。いっぽうで信長は、七月から伊勢《いせ》長嶋《ながしま》の一向一揆《いっこういっき》攻めをおこない、九月末にはこれを殲滅《せんめつ》している。また、畿内では明智光秀《あけちみつひで》ら主だった家臣たちが摂津《せっつ》・河内《かわち》の本《ほん》願寺《がんじ》方勢力に対する攻撃をおこなっている。

上：高天神城跡全景■標高 132 メートルの鶴翁山に築かれた城郭。徳川・武田両氏の激しい争奪の対象となった　静岡県掛川市　画像提供：掛川市教育委員会
下：高天神城の横堀跡■堂の尾曲輪西側の長大な横堀で、本城跡の遺構のなかでも特徴的なものである　静岡県掛川市　画像提供：掛川市教育委員会

長篠城の内堀跡■長篠城は永正５年（1508）に菅沼元成によって築かれたといわれている。本丸・二の丸・三の丸・帯曲輪・野牛曲輪・巴城曲輪・瓢曲輪・弾正曲輪などから構成される城郭である。内堀は幅が広く、深さもある空堀で武田軍の侵攻を阻んでいた　愛知県新城市

史料のうえで、織田・徳川氏の支配地域と武田氏のそれが接する境目《さかいめ》地域に動きが見られるのは、明くる天正三年二月のことである。『当代記』は、奥平信昌が二月二十八日に長篠城に入ったとする。その理由は、「宮崎には日下与の城無きに依ってなり」とある。「日下与」の意味が不明だが、起請文によって縁談を交わした信昌が守るにふさわしい城がなかったから、といったようなことだろうか。それまで彼は瀧山城にあったのだろう。

長篠城は、天正元年九月の落城以来「番持《ばんもち》」という状態であった。三河五井城を本城とする松平景忠が預かるというかたちになっていた。そのためか、城は破損し、見苦しい状態だったという。前々年に攻撃され、建物が焼失したままの状態であっ

空からみた長島城跡（矢印部分）■一向一揆の拠点で、木曾三川に囲まれる場所に立地する。一向一揆を攻略後は、滝川一益が置かれた　三重県桑名市　画像提供：桑名市

たことが想像できる。信昌が長篠に入って普請をおこなったとされる。

この信昌の長篠城入りに対応したものか、信長は家康に対して、近江鎌刃《かまは》城（滋賀県米原市）に備えられていた米二〇〇〇俵を家康に送った（『当代記』）。鎌刃城は前年改易された堀秀村が城主であった。このとき信長は、「境目城々へ入れ置くべきの由」を添えて米を送ったというから、そこには、武田氏の支配領域と接する城をさらに堅く守ってほしいという望みが込められている。

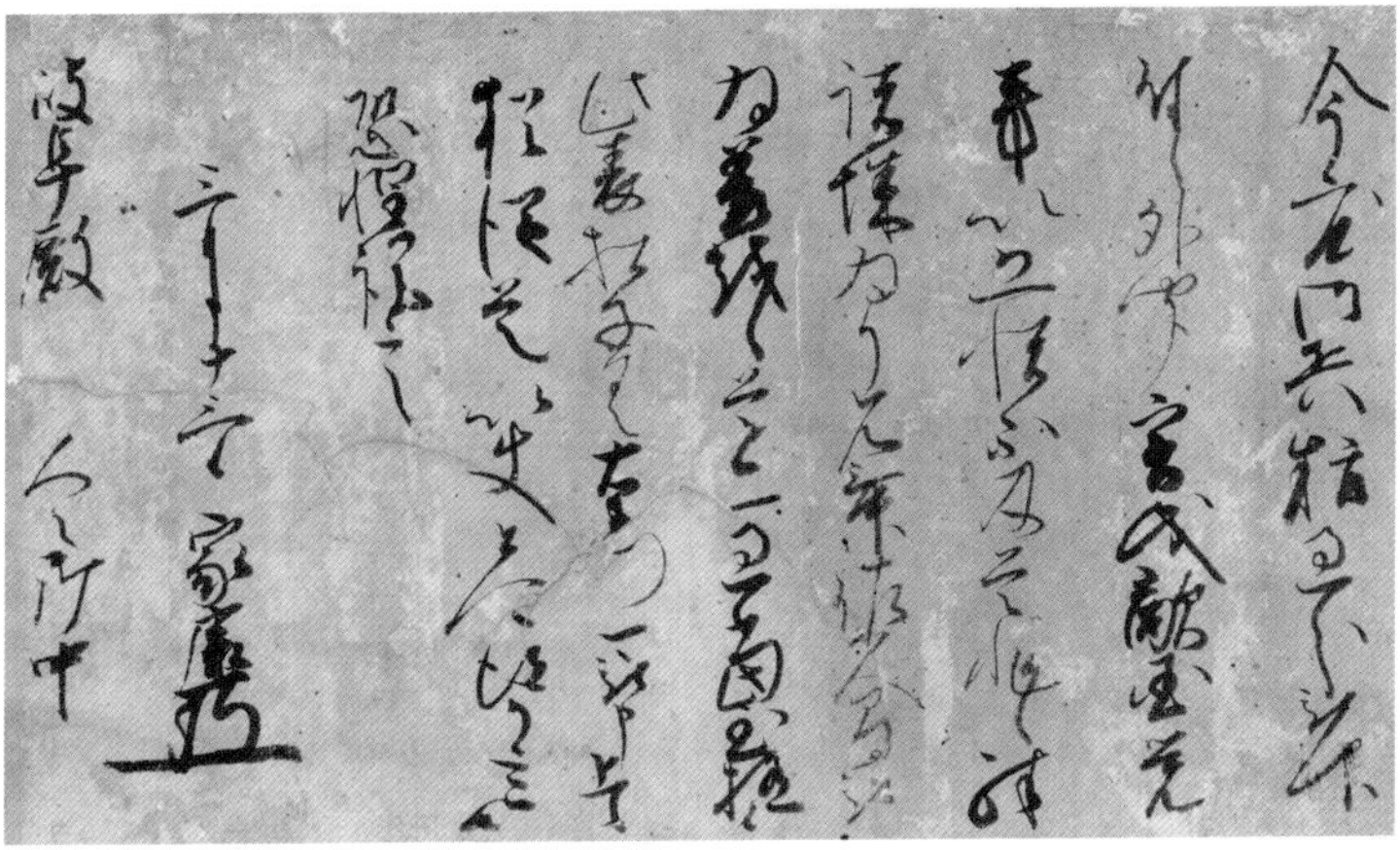

3月13日付け徳川家康書状■解説は次頁参照　大阪城天守閣蔵

家康は、このうち三〇〇俵を長篠城に入れたという。数ヶ月後に長篠の戦いが起こることもあってか、『当代記』のこの記事には長篠城しか登場しないが、残りの一七〇〇俵は、そのほかしかるべき徳川方の「境目の城々」に配されたものと思われる。具体的にほかの城がどこにあたるのかはわからないけれども、結果

鎌刃城跡主郭虎口の石垣と石段■標高三八四メートルに築かれた山城。石垣・石段とも大規模であり、往時の様子がわかる　滋賀県米原市　画像提供：米原市教育委員会

を知っている立場としては、この時点で長篠城だけが特別という考えは持たないほうがよいだろう。

前年、信長が吉田城で黄金を贈ったときにも「兵粮」ということばが登場していた。これらのことから、信長はこの地域にどのような役割を期待していたのだろうか。兵粮とあるからには、城を攻撃・包囲されても、ある程度の期間持ちこたえられるようにということだろう。では、なぜ持ちこたえてほしいと考えていたのか。この点は次章以下で考えることにしよう。

ところでこの信長による兵粮提供は、次の文書（前頁図版）によっても裏づけられる。

> 今度御兵粮過分に仰せ付けられ候。外聞実儀《がいぶんじつぎ》、敵国の覚え、かたがた以て恐《きょう》悦《えつ》是非《ぜひ》に及ばず候。ことに諸城《しょじょう》御見舞《おみまい》のため、佐久間差し越され候。これまた過当至極《かとうしごく》に候。この表様子つぶさに右衛門申し上げられ候。なおこれより使者を以《もっ》て御意を得べく候。恐惶謹言《きょうこうきんげん》。
>
> 三月十三日　家康（花押）
>
> 岐阜殿　人々御中（「大阪城天守閣所蔵文書」信五一〇号参考）

長篠合戦図屏風に描かれた佐久間信盛■信長が幼少の頃から仕え、長篠の戦いのほか、各地を転戦するなど活躍した。天正八年（一五八〇）、本願寺攻めの怠慢などを理由に信長から一九ヶ条におよぶ折檻状を突き付けられ、追放されてしまった　犬山城白帝文庫蔵

今回兵粮を過分に頂戴いたしました。表向きにしても実際にしても、敵がわが方をどう見るかということを考えても、たいへん恐悦でありがたく、言葉もございません。とくに諸城見舞のため佐久間信盛を派遣されたこと、これまた過ぎたるご配慮であります。この方面の様子は信盛が詳しくお話になるでしょう。こちらからも使者を遣わして御礼を申し上げます。

宛名の「岐阜殿」とは信長を指す。三月十三日という日付を考えれば、『当代記』に見える兵粮提供に関わるものだろう。兵粮が送られたのはこの日以前であることがわかって興味深いが、それと同時に、佐久間信盛が「諸城御見舞」という名目で派遣されていることも注目される。徳川方の「境目の城々」がどういう状況にあるのか、信長は重臣の目で検分させたということになるだろう。武田氏が三河地域に攻撃してくることに対する警戒は怠っていないわけである。

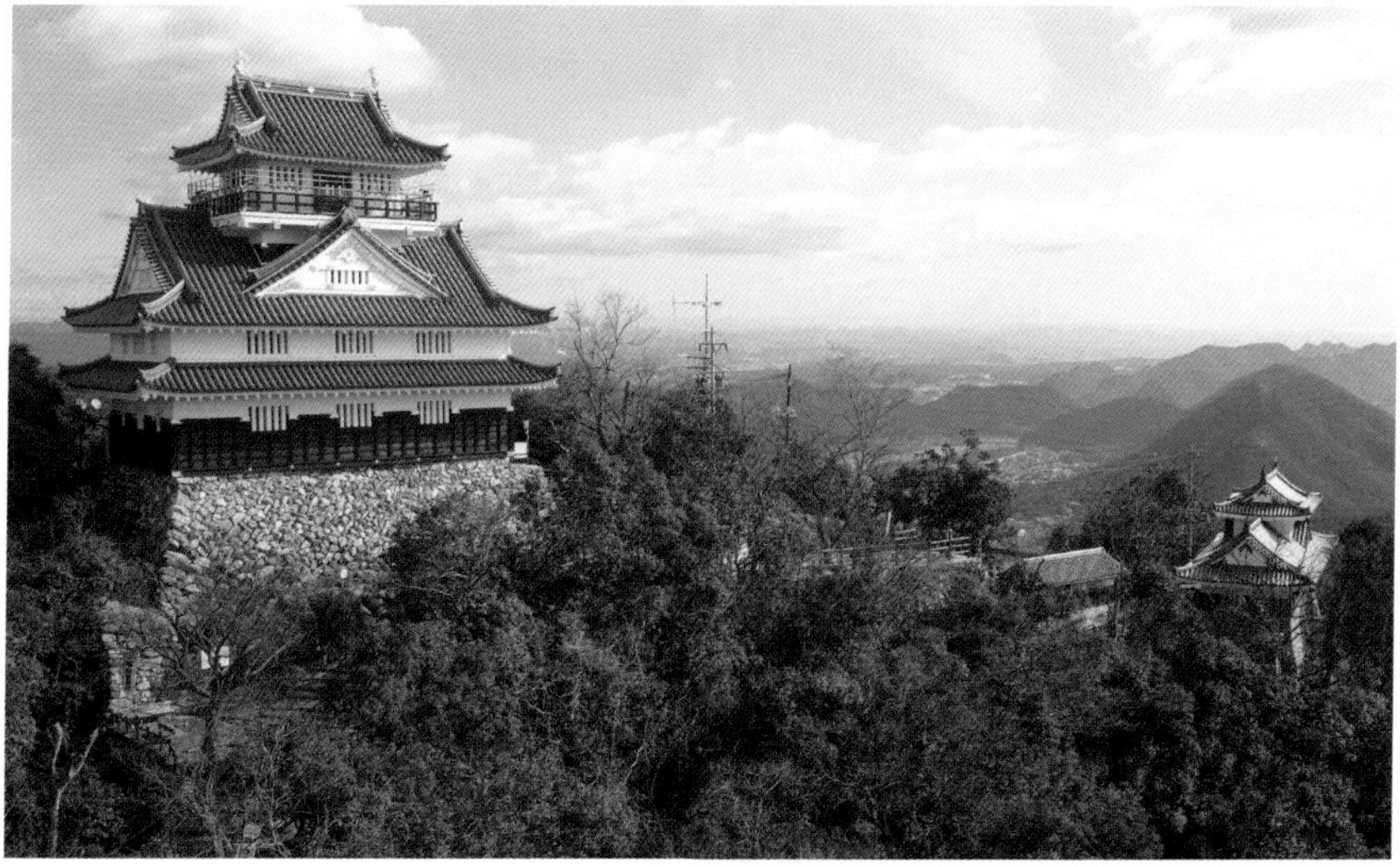

岐阜城の復興天守■信長が本拠とした城で、のちに嫡子信忠の居城となった　岐阜市　画像提供：岐阜市

第二章 織田信長の本願寺攻め

本章では、天正三年（一五七五）四月におこなわれた信長による河内高屋城《たかや》（大阪府羽曳野市）および大坂本願寺攻めを見てゆく。

長篠の戦いを述べるという目的の本書にて、なぜ本願寺攻めを取りあげるのか、と不思議に思われた人がいるかもしれない。それは、このときの本願寺攻めが、長篠の戦いに至る動きを誘発したからにほかならない。また、長篠の戦いにおいて、なぜ織田信長があのような戦い方（柵を設けその内側から敵に向かって鉄砲を放つような戦法）をしたのかを考えるうえでも、直前にあった本願寺攻めの存在を無視できないと思うからである。

■本願寺攻めの発令■

信長は天正三年三月三日に上洛した。この上洛中、土地を担保にするなどして諸《しょ》門跡《もんぜき》・公家《くげ》が金銭を借用するといった貸借契約を帳消しにする徳政令《とくせいれい》を出したり、公家に米を給付するなど、京都の支配階層を保護する政策を実行した。前々年に足利義昭が京都を退去したことにより、天皇《てんのう》・朝廷《ちょうてい》を支え、京都を中心とする空間

高屋城礎石建物跡■南北八〇〇メートル×東西四五〇メートルという大規模な城郭である。礎石建物跡がある二郭には他に倉庫や庭園状の遺構などがあることから、身分の高い人々が生活をしていたといわれている　大阪府羽曳野市　画像提供：羽曳野市教育委員会

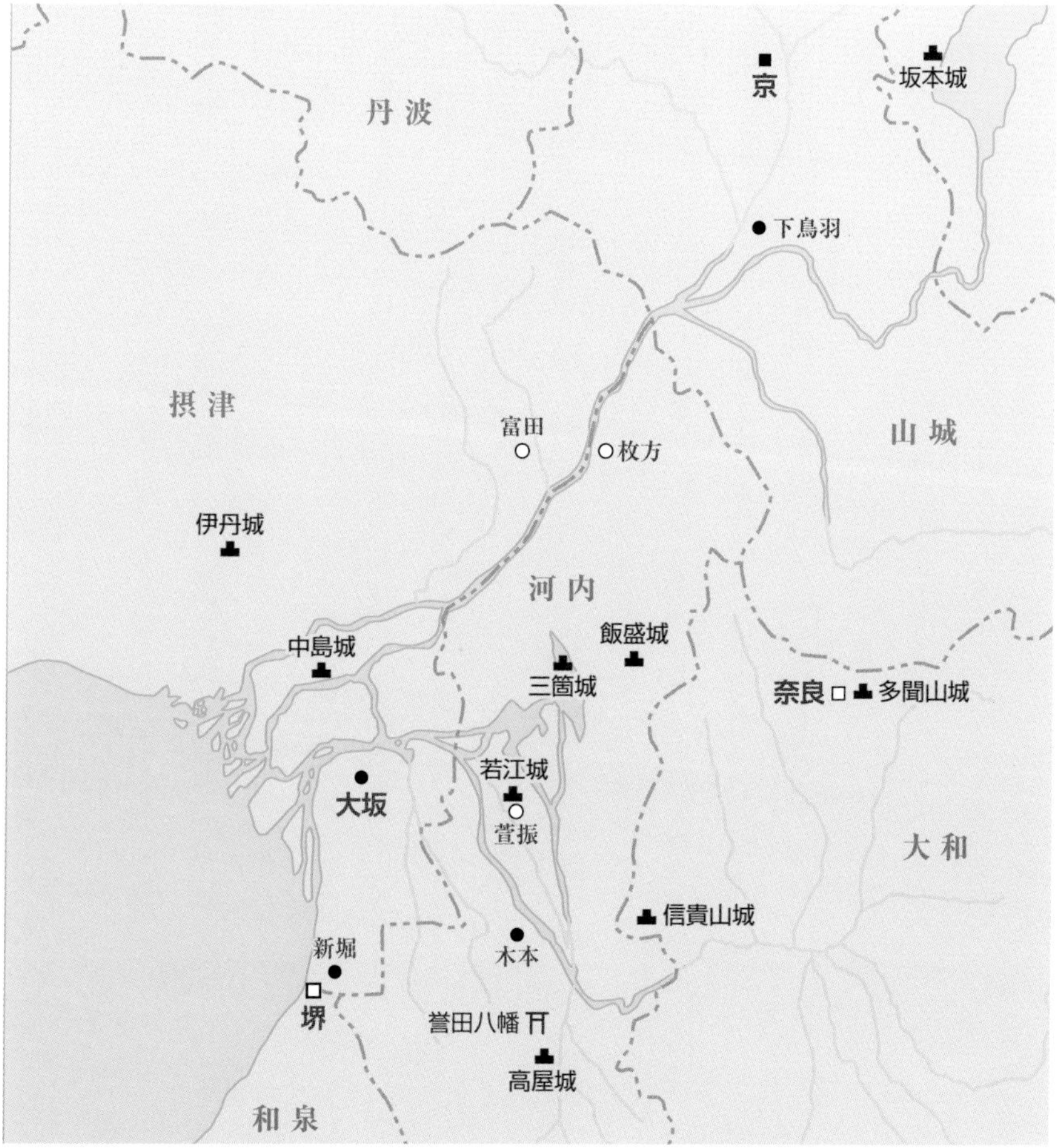

地図５　摂津・河内方面図　金子拓『信長家臣明智光秀』（平凡社、2019 年）所収の図をもとに作成

足利義昭画像■室町幕府第十五代将軍。信長の軍事力を背景に幕府の再興を果たすが、のちに対立し、天正元年に信長と戦うも敗れ、京都からの退去を余儀なくされた　東京大学史料編纂所蔵模写

である「天下《てんか》」の秩序維持を担う立場となったことを自覚しての行動だろう。

当然ながら、「天下」の秩序を乱すとみなされた敵対勢力は攻撃の対象となった。その最大の勢力が、前年の天正二年（一五七四）初頭に、和睦を破棄してふたたび敵対するに至っていた大坂本願寺であった。

三月の信長上洛の目的は、右に述べた朝廷支援策の実施だけでなく、ほかにもあった。その本願寺攻めである。上洛中の四月六日、信長は河内へ向けて出発するが、三月の上洛直後の早い段階から陣触《じんぶ》れを出し、軍勢動員をかけていた。足利義昭の近臣大和孝宗《やまとたかむね》が、三月十五日付けで武田家一門の穴山信君（武田玄蕃頭《げんばのかみ》）に出した書状によれば、「信長がさる三日に上洛した。来月六日に河内方面の高屋・大坂へ出陣するそうだ」（「於曾文書」）と、この時点ですでに四月六日の信長出陣情報が義昭（このとき紀伊国由良《きいのくにゆら》に逼塞中《ひっそくちゅう》であった）のもとに届いていたのである。

この陣触れは別の文書からも確認できる。反信長という立場で本願寺らと連携していた六角承禎《ろっかくじょうてい》は、義昭の近くにあったとおぼしき武田中務大輔《なかつかさたいふ》に宛て、三月二十八日付けで出した書状の

上杉本洛中洛外図屏風右隻に描かれた内裏■戦国時代の天皇の御所で、正月節会という宴の様子を描いている　米沢市上杉博物館蔵

なかで、「いま信長が京都にいるが、来る六日に大坂表へ出陣するようにという廻文があった」(『尊経閣古文書纂』)と、動員を「廻文《めぐらしぶみ》」(二人以上の名宛人に順次回覧して伝える文書)にて知らせているという情報を得ていた。

■信長の河内出陣■

信長は陣触れのとおり四月六日に出陣した。それに先がけ、上洛してまもない三月十一日に、配下の軍勢を河内・摂津方面に派遣し、河内北部の千町鼻《せんちょうばな》と呼ばれる淀川《よどがわ》の堤《つつみ》(大阪府寝屋川市)を破壊、両国の田地を水損《すいそん》させている(『多聞院日記《たもんいんにっき》』)。敵の動きをあらかじめ封じるためであろうか。

四月六日の出陣では、信長率いる本隊は、一万とも二万とも言われた(『宣教卿《のぶのりきょう》記《き》』『兼見卿《かねみきょう》記《き》』『大外記《だいげき》中原師廉《なかはらもろかど》記《き》』)。すでに三日・四日には先遣隊が出陣しており、そこには明智光秀が率いる二〇〇〇の兵も含まれていた(『兼見卿記』『大外記中原師廉記』)。『信長記』は、「五畿内、尾・江・勢州・若州・丹後・丹波・播磨、根来寺四谷の衆」を合わせ「御人数十万余」と表現する。

また、これは同月二十一日の信長帰洛のおりのことだが、その様子を見物した島《しま》津《づ》家久《いえひさ》は、「十七ヶ国の人数にて有し間、何万騎ともはかりがたきよし申し候〈十七ヶ国からの軍勢で攻め入ったので、何万騎いるのかわからないほどだという〉」と上

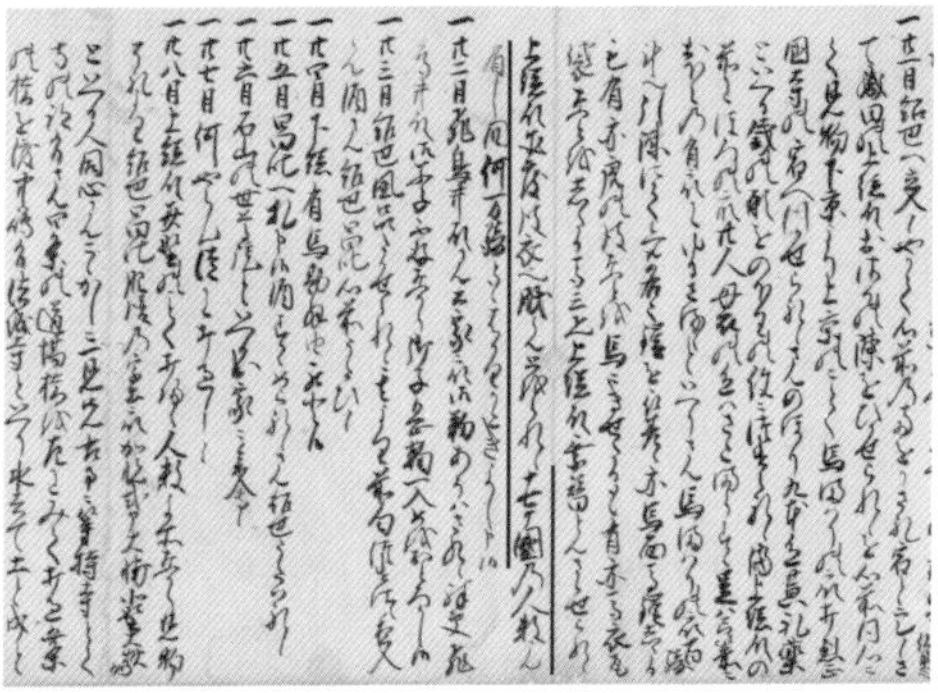

中務大輔家久公御上京日記■薩摩島津氏の十五代目当主・貴久の四男である家久による日記。家久が伊勢神宮へ参詣する道中であった出来事を記している　東京大学史料編纂所蔵

洛日記に記している（『中務大輔《なかつかさたいふ》家久公《いえひさこう》御上京日記《ごじょうきょうにっき》』、前頁図版傍線部）。

『信長記』は誇張された表現であろうし、家久の日記記事も、彼自身がすべてを目にしたわけではなく、ふくらんだ噂話が書きとめられたのかもしれない。ただ、遅くとも二十日近く前の段階で出陣日を定め、廻文にて軍勢動員をかけて準備し、本隊の軍勢が一万から二万という規模であったことを考えれば、かなりの大軍をもって河内・本願寺攻めを敢行したことは疑いない。このときの織田軍の主力は、確実に河内・本願寺に向けられていたと言うことができよう。あとでも触れるが、三月下旬に武田軍が足助口《あすけぐち》に侵入したとき、留守の信忠《のぶただ》は尾張衆を率いて当面これに対抗した。それにはこうした事情があったのである。

このときの河内・本願寺攻めはどのように展開したのか、『信長記』をもとにみてゆこう。信長は七日に河内国若江《わかえ》（大阪府東大阪市）に陣取った。もともと三好義継《みよしよしつぐ》の居城だった若江城は、天正元年十一月の義

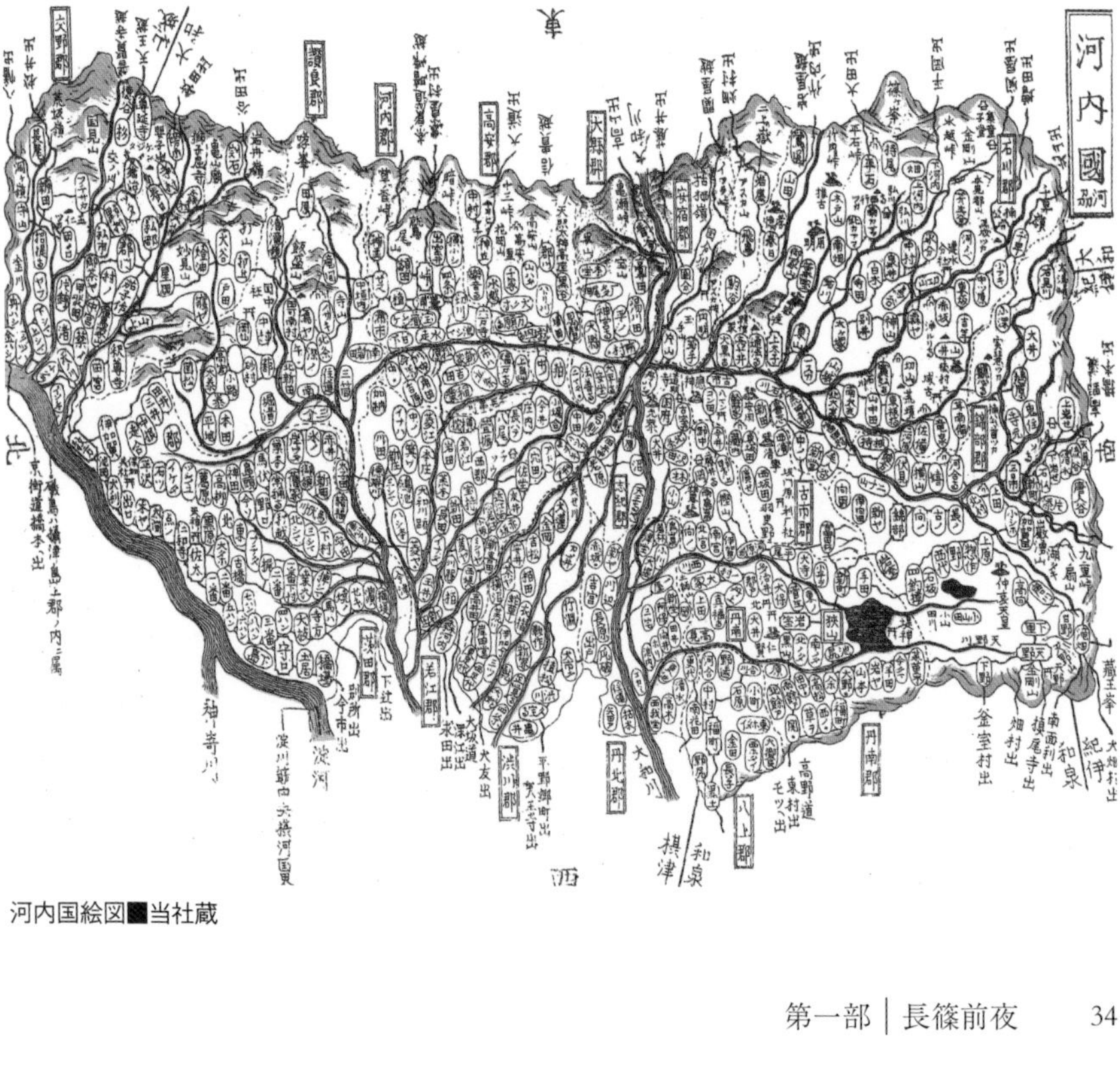

河内国絵図■当社蔵

継自刃後は信長の支配下にあった。本願寺はこれに対し、若江の南にある萱振城《かやふり》（同八尾市）を拠点に対抗しようとした。この城も前年九月の時点で織田軍によって陥落していたが、この時点で本願寺方が取り戻していたらしい。

しかし、信長はこの萱振城に見向きもせず、そのまま軍勢を南下させ、八日に高屋城攻撃を開始する。高屋城は、義継の大叔父にあたる三好康長《やすなが》（咲岩《しょうがん》）が入り信長に抗していた。佐久間信盛・柴田勝家らが率いた軍勢は、城の北に位置する誉《こん》田八幡宮《だはちまんぐう》から道明寺河原《どうみょうじがわら》へと展開して所々を放火《ほうか》し、麦薙《むぎなぎ》をおこなっている。

信長はさらにそこから住吉《すみよし》を経て、十三日には天王寺《てんのうじ》へと進んだ。十四日に本願寺付近の苅田《かりた》をおこなっている。十六日には、そこからやや南に位置する遠里小野《おりおの》（大阪市住吉区・堺市堺区）まで陣を移し、「近辺の耕地を信長御自身が薙された」というほど、執拗な苅田がなされた。麦薙・苅田は戦国時代におけるいくさの重要な作戦のひとつであり、兵粮攻めの一種であると同時に、敵の士気低下を目論む行動であった。

柴田勝家画像■織田家重臣の筆頭。長篠の戦いにも参戦した　『國史画帖大和櫻』当社蔵

若江城跡■もとは畠山氏の河内支配の拠点として築かれた。写真の石碑などがある場所が当時の若江城跡の中心と考えられている　大阪府東大阪市

十六日以降、住吉・遠里小野の東に位置する「出城《でじろ》」新堀《しんぼり》城の総攻撃にとりかかり、十九日に陥落させた。それを受けてのことと思われるが、高屋城の康長は松井《まつい》友閑《ゆうかん》を通じて降伏を申し入れ、信長は彼を赦免している。河内の諸城は破却させられ、信長は前述のように二十一日に帰洛した。

■なぜ河内・本願寺攻めは行われたのか■

大軍を動員して攻め入ったわりには、本命である本願寺攻めには至らず、河内方面の平定と本願寺周辺の苅田でもって兵を撤したのはなぜだろうか。

出陣に先だって三月二十二日付けで長岡藤孝《ながおかふじたか》に宛てた信長の朱印状がある。信長が藤孝に対し、「来秋大坂相城《あいじろ》申し付け候。しからば丹州舟井・桑田両郡の諸侍その方へ相付く上は、人数等別して相催し、粉骨を抽んぜらるべく候」と命じた内容である（「細川家文書」信五〇一号）。

「相城」とは敵の城を攻めるために構築する砦、別のことばで言えば「付城《つけじろ》」を指すと考えられる。来秋、すなわち天正三年の七月から九月頃、大坂本願寺を攻めるための付城構築のため、丹波《たんば》国《のくに》船井《ふない》・桑田《くわた》両郡の侍を動員して当たるよう命じたのである。この朱印状は、秋にむけての準備を命ずるものだから、この四月の出陣に直接関係するものではない。ちなみに藤孝はこの四月の河内出陣にも参陣し、

現在の大阪城周辺■信長が攻めた本願寺は、現在の大阪城公園内に位置したといわれている　大阪府中央区

新堀城攻めに戦功を挙げている（『綿考輯録《めんこうしゅうろく》』）。

つまり四月の出陣は、秋に予定された本願寺への本格的攻撃の下準備と考えられよう。本願寺とむすんだ河内にある三好方の城をまず落とし、苅田によって敵に打撃をあたえ、やや中長期的な構えで敵の戦力低下をねらう。これが、このとき信長が考えていた最低限の達成目標だったのではあるまいか。そう考えると、信長がこの時点で武田氏とのいくさを想定しているようには思えない。

いま「下準備」としたが、出陣期間が半月程度であるにしては動員規模が大きい。属城《ぞくじょう》攻撃、苅田にも多くの軍勢を必要とするという現実的な要請とともに、示威《じい》的《てき》な意味も含まれていたのだろう。義昭に代わって「天下」を鎮護する「天下人」として、秩序を揺るがすとみなした本願寺に対し、自らが率いる大軍を見せつけ、意気阻喪《いきそそう》をねらうような意図もあったと思われる。

先に述べたように、信長が河内・本願寺攻めの陣触れを出したことは、武田方にも伝わっていたと推測される。勝頼はこの信長の動きにどう対応したのだろうか。『信長記』には、三月下旬に武田軍が足助口から侵入し、信忠が尾張衆を率いてこれに抗したことが記されている。また、これまで四年前にあたる元亀二年（一五七一）に比定されていた文書が、近年の研究で天正三年のものと位置づけ直された。これによって、長篠の戦いへと至る武田軍の動きをはっきりとらえることができるようになった。年次比定が修正された文書のひとつが、勝頼が四月二十八

長岡藤孝画像■室町幕府将軍足利義昭に仕えていたが、義昭が京都から追放されると信長に従った。各地の合戦で活躍し、信長の死後は秀吉・家康にも重用された　個人蔵

織田信忠画像■信長の嫡子。長篠の戦いにも出陣し、その後の美濃岩村城攻めでは総大将として織田軍を率いて活躍した　東京大学史料編纂所蔵模写

日付けで本願寺方の杉浦《すぎうら》紀伊《きい》守《のかみ》に宛てた書状である（東京大学史料編纂所影写本「武田勝頼書状」、武一七〇一号はこの写）。

この書状で勝頼は、「この所畢竟《ひっきょう》織田上洛の上、大坂へ取り懸くるの由候条、後詰第一の行《てだて》に候〈このところ信長が上洛のうえで、大坂本願寺へ攻撃を仕掛けたということなので、第一に本願寺を後援するための出陣である〉」と三月下旬における出陣の理由を述べている。『山梨県史 通史編』が「勝頼のこの行動には、信長の目を三河に向けさせることで、大坂の石山本願寺を助けるねらいがあった」と述べるとおりだろう。

この信長の本願寺攻めが、勝頼の三河侵攻を誘発した。ここから事態は五月二十一日の決戦へと向かって動いてゆくのである。

石山本願寺推定地の碑■かつて石山本願寺がこのあたりにあったといわれている場所である。秀吉・家康による大坂城の大規模工事もあり、石山本願寺の正確な位置や伽藍跡はいまだ確認されていないという　大阪市中央区

第三章 武田勝頼の三河侵攻

■大岡弥四郎事件■

前章で、天正三年（一五七五）四月における織田信長の本願寺攻めが、武田勝頼の三河侵攻を誘発したと述べた。ただし、勝頼が三河攻めを決めたきっかけはそれだけではなかったようである。きっかけのひとつとして近年あらためて脚光を浴びているのが、「大岡弥四郎事件《おおおかやしろうじけん》」である。

大岡弥四郎とは家康譜代の中間《ちゅうげん》で、三河奥郡二十余郷の代官を務めていたとされる人物である（名字は史料によって大賀とも表記される）。事件の大筋は、弥四郎が勝頼に内通し、仲間を誘って岡崎城を奪い、侵攻してくる武田軍を岡崎に引き入れようと企てたものの、仲間の翻意により計画が未然に発覚し、捕えられて処刑された、という内容である。

以前から知られていた事件ではあるが、このできごとは、浜松城の家康と岡崎城の嫡男信康《のぶやす》という、徳川氏内部の権力対立の萌芽をここに見ようとする観点から、近年あらためて注目されている。

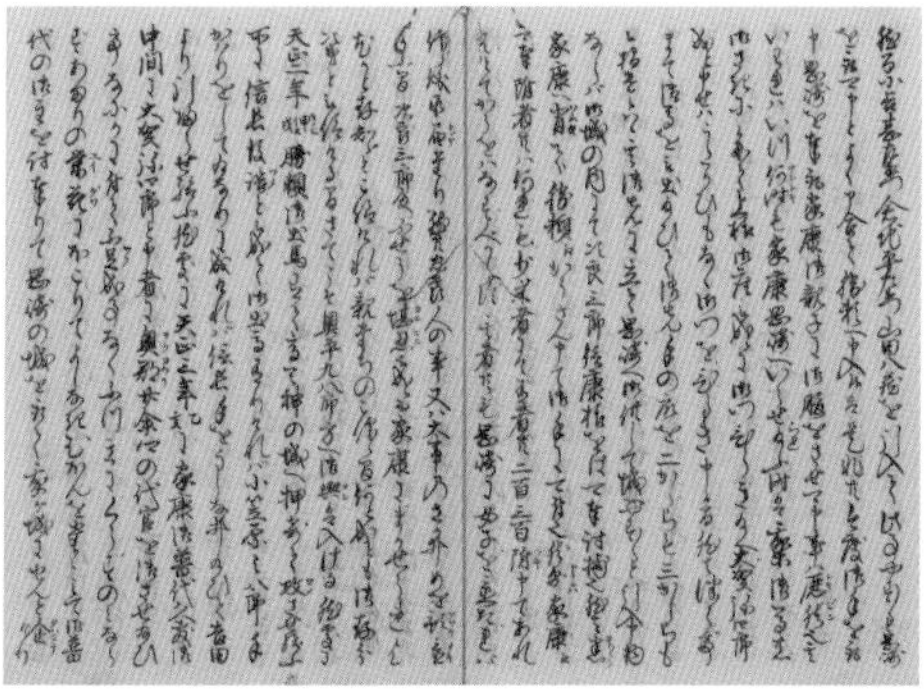

『三河物語』■家康に仕えた大久保忠教が江戸時代の初め頃に記したという。内容は、徳川氏や大久保氏の事績・功績などが中心である　国立公文書館蔵

岡崎城跡遠景■もとは家康の本拠であったが、家康が浜松に拠点を移すと、家康の嫡男信康が入った。現在は天守が復興され、城跡は公園として整備されている　愛知県岡崎市　画像提供：岡崎市

この事件を記したもっとも古い史料である『三河物語』では、事件が起こった時期を天正三年のこととしか記していない。ただ、このなかで弥四郎の計画を聞いた勝頼が喜び、「しからばもっともこの事急げとて、作手筋へ御出馬ありける」とあり、長篠の戦いをめぐる記述につながってゆく。『三河物語』は、弥四郎事件と長篠の戦いに至る勝頼の出陣に因果関係があるとみなしているのである。

弥四郎の内通と勝頼の出馬に因果関係があるかどうかについては、懐疑的な見解もある。ただ、この事件を鎮圧するうえで功があったとされる複数の武士について記録が残っており（『寛永《かんえい》諸《しょ》家《け》系《けい》図《ず》伝《でん》』『譜牒余録後編』）、少なくともそういう事件はあったのだろう。因果関係についてはより慎重な検討が求められるものの、信長の本願寺攻撃と弥四郎の計画の進行がほぼ合致した好機をとらえ、勝頼は三河方面へ兵を向けたとひとまず考えておきたい。

長篠合戦図屏風に描かれた松平信康■家康の嫡男で、室は信長の娘五徳。長篠の戦いにも参陣した。天正七年（一五七九）、武田氏への内通を疑われ、信長の命により、自害に追い込まれた　犬山城白帝文庫蔵

武田軍の三河侵攻過程

武田軍は侵攻にあたり、どのように兵を展開させたのだろうか。侵入経路について、先に掲げた『信長記』では「足助口」、『三河物語』では「作手筋」とあった。ちなみに、『当代記』では「足助表」とする。

このとき出陣した山県昌景が、四月晦日付けで当時駿河にあった孕石元泰《はらみいしもとやす》に宛てた書状（「孕石家文書」武一七〇四号）および同日と思われる武田信豊《のぶとよ》が岩手信景《いわでのぶかげ》に宛てた書状（「徴古雑抄」所収文書・武一七〇三号）によれば、先衆が足助城（愛知県豊田市）を四月十五日に攻撃したところ、城主鱸越後《すずきえちご》が降参して開城した。これにより、足助城近辺の浅賀井《あざかい》（浅谷《あざかい》）・阿須利《あずり》（阿摺）・八桑《やくわ》・大沼《おおぬま》・田代《たしろ》（以上、すべて豊田市）の諸城にいた徳川方の兵は城を捨て逃げ去った。

山県昌景隊は、次の標的を徳川方の菅沼定盈《さだみつ》が籠もる野田（愛知県新城市）に定めた。定盈は元亀四年二月に武田軍から野田城を攻撃された際に降伏したものの、そ

地図6　武田軍の三河侵攻図

長篠合戦図屏風に描かれた武田信豊■武田信玄・勝頼の一族で、天正元年の三河・作手侵攻では中心的な立場を務めた。長篠の戦いにも参戦し、戦後は勝頼を外交面などで補佐した　犬山城白帝文庫蔵

の後、人質交換によって解放され、翌年の天正二年に家康に乞うて野田に戻ってきていたらしい。野田本城や近くの根古屋城は、元亀四年の武田軍による攻撃で破壊されていたため、大野田にあった「浄古斎古屋敷」と称される一角を修築し、ここに拠っていたという（『当代記』『菅沼家譜』）。

その後のある日の夜、昌景が小笠原信嶺とともに作手から野田へ兵を動かしたところ、武田軍の旗印を見て定盈は城を明け退いた。昌景らは彼らを追撃し、敵の多くを討ち取ったが、定盈を討ち漏らしたと悔しがっている。

三河国額田《ぬかた》郡百々村《どうどむら》（愛知県岡崎市）を領していた徳川家の譜代家臣・青山忠門《あおやまただかど》の系図に、次のような記事がある。勝頼の兵を岡崎へ引き入れようとした大岡弥四郎の陰謀《いんぼう》が露顕《ろけん》したとき、勝頼はそれを知らず、すでに兵を足助辺に出していた。武田軍の先手の兵は三河の小丸《こまる》・安戸《やすど》（いずれも岡崎市）あたりに乱れ入り、民家に火を放った（『寛永諸家系図伝』）。

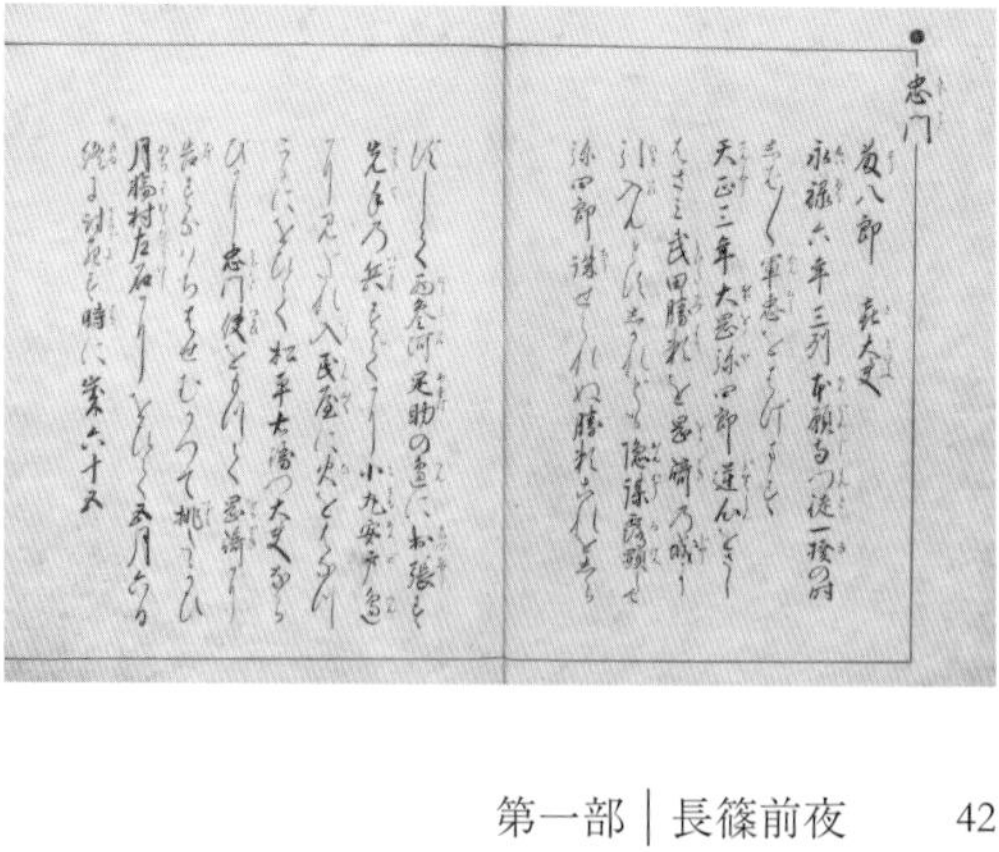

『寛永諸家系図伝』に記された青山忠門の記事■『寛永諸家系図伝』は幕府の命で寛永十八年（一六四一）から編纂が始まり、同二十年（一六四三）に完成した諸大名・旗本以上の幕臣の諸系譜を集めたものである　国立公文書館蔵

忠門は松平右衛門大夫《うえもんたいふ》（玄銕《げんてつ》）とともにこのことを岡崎に報じ、防禦のために出陣して敵軍と戦ったすえ、五月六日に月輪《あちわ》村（岡崎市）で討ち死にしたという。松平玄銕は別に阿知和《あちわ》右衛門《うえもん》と称したので（『寛永諸家系図伝』）、やはりこの付近の領主だったのだろう。

忠門の系図の記事を信じれば、野田へ向かった山県隊とは別に、（おそらく足助を発して）岡崎近辺まで迫ろうとした武田軍の部隊があったということになる。地図で確認すると、小丸・安戸は、直前まで徳川方の城であった大沼・田代から岡崎へ向かう中間地点にある。この別動隊は大沼・田代を経て移動したのだろうか。また、この付近での戦闘は五月初旬まであったこともわかる。

足助城本丸跡■標高 301 メートルの真弓山山頂を本丸とする山城で、西三河山間部に勢力を持っていた鱸（鈴木）氏の本拠であった。発掘調査にもとづき、本丸跡には掘立柱の高櫓と長屋が復元された　愛知県豊田市　画像提供：三州足助公社

■勝頼の出陣と吉田城攻め■

三月下旬頃に三河に侵入した武田軍の先勢は、まず足助城を攻め、そこから作手を経由して野田へ向かった部隊と、大沼・田代を経由して岡崎方面へ向かった

野田城跡遠景■野田城は北上すると長篠城や信州や遠江方面、南下すると吉田城などがある東三河平野部に至るという場所にあり、今川・武田・徳川らの激しい戦いが繰り広げられた　愛知県新城市　画像提供：新城市設楽原歴史資料館

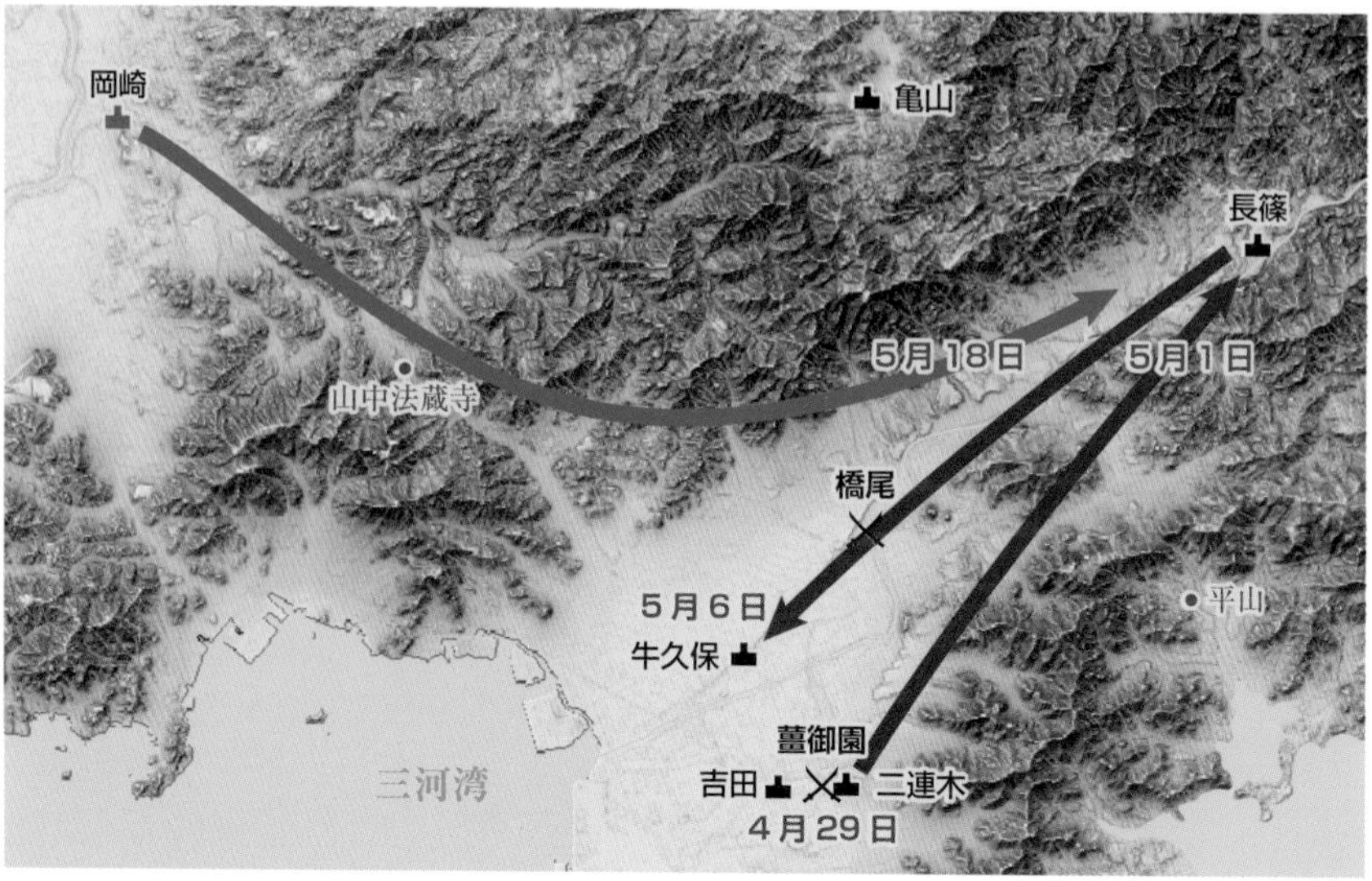

地図7　武田・徳川両軍の動きと激突推定地

部隊があった。大将である勝頼（率いる本隊）は、このときどのような動きをとったのだろうか。

異論もあるが、勝頼は四月十二日に父信玄の三回忌法要を営んだあとに出馬したと指摘されている。その後の進軍経路については、後世に成立した『甲陽軍鑑』や『家忠日《いえただにっ》記《き》増《ぞう》補《ほ》追《つい》加《か》』の記事ではあるが、信濃から遠江平山越《ひらやまごえ》（静岡県浜松市）を経て三河宇利《うり》（愛知県新城市）に出てきたとされる。甲府《こうふ》・諏《す》方《わ》・高遠・青崩《あおくずれ》峠・犬居谷《いぬいだに》・二俣《ふたまた》・平山・宇利峠といった経路が想定されている。つまり先勢とは別の経路から三河に侵入

二連木城址の碑■二連木城は三河国の国衆・戸田宗光によって築かれた。現在は、本丸が大口公園として整備されている　愛知県豊橋市

したことになる。ただし、江戸時代前期に成ったとされる『大須賀記』には鳳来寺口とあって、この場合、右の経路よりは北のほうから攻め入ったことになる。

勝頼が四月晦日に信濃の家臣下条信氏《しもじょうのぶうじ》[*1]に出した書状によれば、勝頼の軍勢は前日の二十九日に家康の籠もる吉田城に向けて進軍し、二連木《にれんぎ》城（愛知県豊橋市）を始め付近を放火するなどしたとある（「水野寿夫氏所蔵文書」武一七〇二号）。この吉田城・二連木城攻めは、先に紹介した山県昌景と武田信豊の書状でも触れられているから、四月末の時点で、足助・野田を攻めた先勢と勝頼の本隊は合流していたことになる。

昌景書状によれば、昌景らが二連木城の搦手《からめて》[*2]に回ったのを見て、城内の衆は城を明け退却した。その後、家康自身が率いる兵二千が吉田から出撃してきたので、昌景らは勝頼の見ている前で奮戦し、二連木城近くから吉田城まで徳川軍を押し戻して勝利を収めたとある。浜松城の家康はこのとき武田軍の進撃を食い止めるため吉田まで移動していたことがわかる。

『三河物語』には、このときの両軍の激突が「はぢかみ原」という場所であったと書かれている。ちょうど吉田城と二連木城の中間に「薑《はじかみ》御園《みその》」という伊勢神宮《いせじんぐう》領があったとされているので、このあたりで野戦がおこなわれたと推測される。

『大須賀記』には「味方小勢ゆえ」出陣しなかったともあって、両軍が戦ったとしても小規模なものであり、数に劣る徳川軍がすぐに吉田城に引き返して籠城をつ

＊1　下条信氏■信濃国吉岡城（長野県下條村）の城主を務め、信玄の頃から武田氏に仕えた。信玄の妹を正室にしており、武田一族の待遇を受けたといわれている。元亀二年（一五七一）、武田氏が足助城を攻略した際に在番を指示された。元亀三年から天正三年（一五七五）八月まで、美濃国岩村城（岐阜県恵那市）を秋山虎繁とともに守備した。

＊2　搦手■城郭や砦の裏門。陣地などの後ろ側を指す。逆に正面や表側のことを大手という。

づけたのだろう。籠城を献策したのは、吉田城主の酒井忠次であったとされている（『寛永諸家系図伝』）。『当代記』には「（吉田の）町中へは敵押し入らず」とあるが、いっぽうで吉田城をめぐるいくさにより水野忠重が左手を負傷したという記録があるので（『寛永諸家系図伝』）、武田軍がまったく吉田城を攻撃しなかったということでもなかったようである。

長篠合戦図屏風に描かれた酒井忠次■家康に仕えた重臣で、室は家康の叔母にあたる碓井姫であった。永禄７年（1564）の東三河征圧にともない、吉田城を与えられた。長篠の戦いでは戦局を左右する人物となる　犬山城白帝文庫蔵

吉田城の本丸周辺空撮（北から）■初めは今川氏の城郭であったが、徳川家康が攻め取り、重臣の酒井忠次を城主とした。長篠の戦いの前哨戦ともいえる重要な戦いの場所となった城郭である　愛知県豊橋市　画像提供：豊橋市教育委員会

■そして長篠へ■

このとき岡崎にあった松平信康も兵を出し、山中法蔵寺《やまなかほうぞうじ》（岡崎市）に着陣したという（『三河物語』）。ここは岡崎から南東約十二キロメートル、吉田城のある三河国渥美《あつみ》郡から、宝飯《ほい》郡を経て、岡崎城のある額田郡に入るところに位置する要地にあり、中世には宿駅もあった。武田軍の岡崎攻撃を警戒して、ここまで出てきて布陣したと思われる。

武田軍の当初の標的であった岡崎城は、大岡弥四郎の企てが未然に発覚し、また信康や周辺の家臣たちが懸命に防禦にあたったため、攻撃するまでには至らなかった。足助から野田へと進んだ先勢と勝頼の本隊が合流したあと、彼らが次の標的とした吉田城は、家康が籠城したこともあり、それ以上の力攻めを継続することはなかった。

勝頼は先に紹介した四月晦日付けの書状で、二連木城以下を放火したことにより、「よろず存分に任せ候」と、戦果に満足していることを記している。これにつづけて「このうえ長篠へ〝一動〟これを催すべく候」と述べている。「一動」は「ひとはたらき」と読ませるのだろう。次章で触れるが、実際に武田軍が長篠城を包囲し、攻撃を開始したのは、この書状が出された翌日の五月一日とされる（『当代記』など）。

このとき勝頼が発した「一動」ということばは、現在わたしたちも使うように、

山中法蔵寺■家康が幼少のころ、手習い・漢籍など学問に励んだ寺院と伝わり、家康ゆかりの品も所蔵する。武田氏の岡崎城攻めを警戒し、信康はここに陣を布いた　愛知県岡崎市　画像提供：岡崎市

主目的としていた仕事の区切りがついたあと、余力をもって「もうひと働き」するといった意味に解してよいのだろうと思う。

出陣の主目的であった岡崎城奪取が頓挫し、次に向かった吉田城には家康が籠もったという状況を受け、勝頼は、「このうえ」で軍勢を東に反転させ、前々年に奪われた（さらにそのとき離反した奥平信昌が守る）長篠城を攻略するという「一動」を選択したのではあるまいか。つまり、武田軍による長篠城攻めというのは、このときの勝頼出陣当初の目的ではなく、種々の状況が変化していったすえにとられた行動であったと考えられるのである。

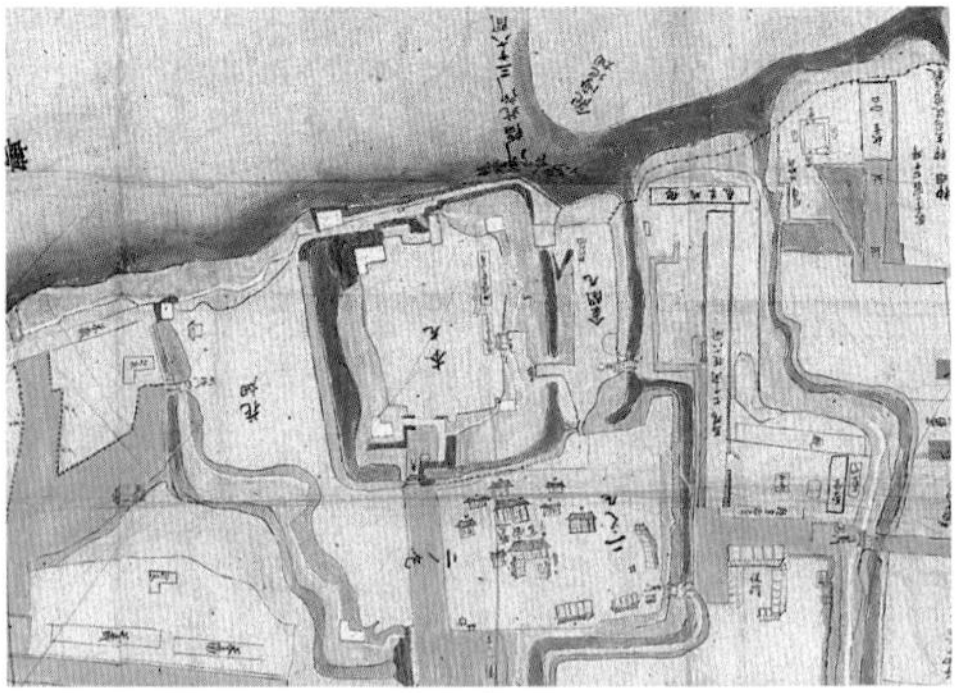

吉田御城内惣絵図（部分）■吉田城は豊川と朝倉川の合流地点に築かれており、本図は江戸時代のものであるが、地理的な特徴を伝える　愛知大学綜合郷土研究所蔵　参考：岩原剛編『三河吉田城 今川・松平が奪いあった「水城」』（戎光祥出版、二〇一八年）

第二部　長篠での激突

信長・家康と勝頼の戦いは舞台を長篠城に移し、激しい攻防のなかで、情報収集とそれにもとづく判断が戦況を動かしていく。勝敗をわけた要因は何だったのか？通説で語られてこなかった戦いの実態が明らかになる。

長篠城跡遠景■愛知県新城市

第一章　長篠城をめぐる攻防戦

■武田軍による長篠城包囲■

天正三年（一五七五）四月二十九日、三河吉田城・二連木城付近の「はじかみ原」において、武田勝頼率いる軍勢と徳川家康率いる軍勢が戦った。その結果、家康は吉田城に兵を引き、同城に籠もったため、勝頼は「このうえ」の「一動」として、長篠城攻めを決断した。その約二十日後に長篠の戦いは起こった。そこに至ることになった分岐点のひとつは、このときの勝頼の決断にあろう。

『当代記』によると、武田軍は五月一日から長篠城を取り囲んだ。竹束にて仕寄《しより》（城攻めのために用いる防禦物）をつくり、諸所から金堀《かなほり》（金鑿）を入れて、昼夜を問わず攻めたという。金堀というのは鉱山労働者のことであり、武田軍は城攻めの際、彼ら金堀をよく用いていたという。工兵隊といったところだろうか。

『信長記』（池田家本）には、勝頼は「円通寺山《えんつうじやま》」に陣取り、金堀を入れて二の丸まで掘り進んだところで、城内の兵はこれを撃退した。城では塀を付け直すなどして懸命に防ごうとしたが、五日から十日のうちには落城するのではないかという状

大通寺陣跡■長篠城本丸などを眼下に見渡す丘の上にある寺院で、勝頼が布陣したともいわれる　愛知県新城市

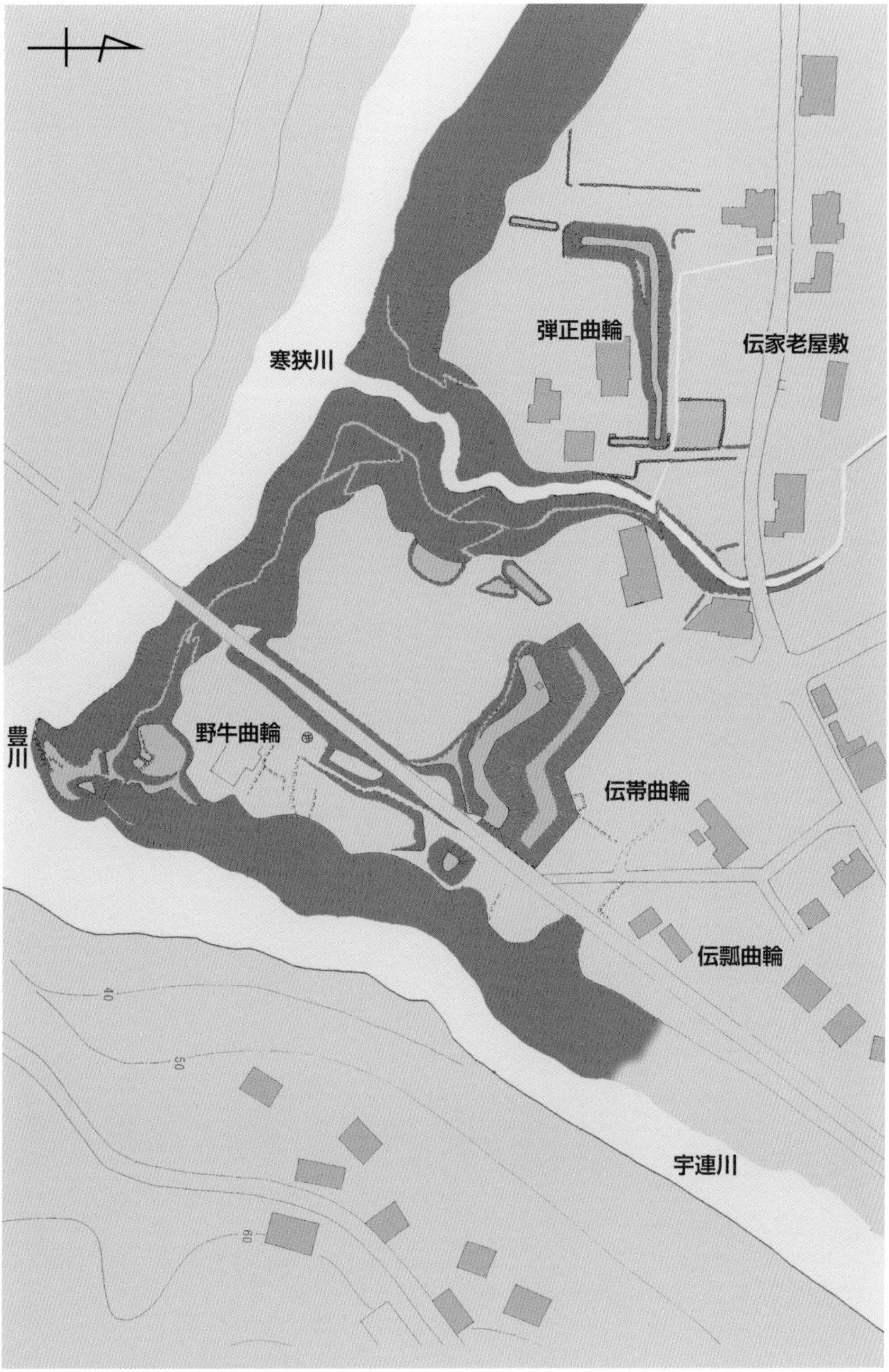

図１　長篠城の現状図■原図：髙田徹氏

態になっていたとある。このとき勝頼が布陣した「円通寺山」とは、長篠城の北にある大通寺山《だいつうじやま》を指すのではないかとされている。

江戸時代に菅沼家が幕府に提出した記録などによれば、勝頼は医王寺山《いおうじやま》（大通寺の約五〇〇メートル北に位置する）に陣し、他の部隊は大通寺山やその周辺に陣取ったとある。また、長篠城の東、大野川を挟んだ対岸にある鳶巣山《とびのすやま》の砦を付城として、叔父の武田信実《のぶざね》を配し、そのほか君《きみ》が伏戸《ふしど》・姥《うば》が懐《ふところ》・久間山《ひさまやま》にもそれぞれ付城を築いて長篠城を監視したという（『譜牒余録後編』『武徳編年集成』）。武田軍は一万五〇〇〇人以上の兵を擁していた。

現在の医王寺■永正 11 年（1514）創建の曹洞宗寺院で、長篠の戦いの際、勝頼がここに陣を布いたという。勝頼の本陣跡には物見櫓（画像上部）が復元されている　愛知県新城市

勝頼が本陣を布いた医王寺の弥陀が池■設楽原出撃を諫めたアシが勝頼の勘気にあって切りつけられ、片葉になったといわれる「片葉のアシ」がある　愛知県新城市

いっぽう、長篠城は二月に守将として入った奥平信昌、また、信昌が長篠城を託される以前にここを預かっていた五井松平景忠のほか、江戸時代の系図・編纂物によれば、松平家忠・同親俊《ちかとし》らも入ったという。ただし親俊は病のため代わりに天野《あまの》正忠《まさただ》が長篠城に入ったとする記録もある（『寛永諸家系図伝』『五井深溝松平同姓系譜』『武徳編年集成』）。城内の軍勢は二〇〇人、鉄砲二〇〇挺とされ、奥平家に残る記録では、軍勢を二五〇人とする（『御家譜編年叢林』）。

■長篠城をめぐる激闘■

以下、『当代記』をもとに、長篠城攻防戦の流れを見てゆく。

五月六日、勝頼は長篠城を包囲していた軍勢をふたたび西の牛久保城《うしくぼ》（愛知県豊川市）方面へ移動させた。武田軍は諸所を放火したのち、長篠へ引き返した。吉田城に籠城していた家康の軍勢に対する牽制のつもりだろうか。

その帰途、武田軍は橋尾《はしお》の井堰《いぜき》を破壊したという。ここは東三河の田地へ豊川の水を引く灌漑《かんがい》のための堰であったらしく、そのせいでこの年は水不足となり、田は旱損《かんそん》してしまった。いくさのときにこうした行為はしないものだと『当代記』は批判している。

十一日、渡合《どあい》と呼ばれる寒狭川・大野川合流点付近の門から、武田軍は竹束の仕

橋尾の井堰推定地■橋尾調節堰にある水道碑。このあたりに武田軍が壊した井堰があったと推測される。現在も、豊川は農業用水などに使われている　愛知県豊川市

寄によってきびしく攻撃してきたが、城中より兵を出して防戦してきたため、武田の兵は道具を捨てて谷川の下へ敗走したという。このときの竹束は城兵によって焼き捨てられたが、翌日からまた武田軍は竹束をもって仕寄を再開した。

十三日の子の刻（午前零時頃）には、武田軍が瓢《ふくべ》丸という曲輪を強襲した。瓢丸は城の北東部にあった区域と考えられている。この曲輪は、土塁はなく塀のみであったため、攻め手は塀に鹿の角を引っかけ、これを引き倒そうとしたものの、城の内側から柱に縄をかけてしっかりと支えていたので倒すことができないでいた。そうしたところに城内から横矢を射られ、武田軍に損害が出たという。

瓢丸はその名前のとおり瓢簞《ひょうたん》のような形をしていた。そこへ行く通路はもともと狭く、十三日のいくさにより塀などが損壊して瓢丸との往来がむずかしくなりそうだったので、信昌は瓢丸にいた兵を「舛方《ますがた》の丸」という別の曲輪へ移そうとした。このとき武田軍は、井楼《せいろう》と呼ばれる攻撃のための櫓を組もうとしていた。

高い井楼を組まれると、そこから攻撃を受けるため、大手門付近の兵の動きが制約されることに懸念をおぼえた信昌は、鉄砲を放ちかけ、また本丸より「大鉄砲」を撃ちこんだところ、井楼建設は失敗したという。このときのいくさにおける武田軍の死傷者は七〇〇〜八〇〇人であったと記されている。

また、武田軍は本丸の西の隅の土塁に金堀を入れ、大石を掘り崩して谷に落とした。城内の兵は掘り崩されることを防ぐため、犠牲者を出しながら補修工事をつづ

長篠城の土塁跡■長篠城は土塁で敵の攻撃を防いでいたが、敵による掘り崩しと味方による補修工事の繰り返しだったらしい　愛知県新城市

けた。ところが、長篠の戦いが終わったあと現場を見てみると、この箇所はもとより岩盤であったため掘り抜くことはできず、城内の兵の士気低下をねらう目的で、武田軍は夜中によそから大石を持ってきて、掘り崩すふりをして谷に石を落としていただけだったことがわかったという。

奥平家の記録によれば、さらに十四日にも武田軍は総攻撃をかけてきた。しかし、このときも鉄砲をもって撃退した。攻めあぐんだ武田軍は、その後は遠巻きに取り巻くのみであったとされる（『譜牒余録』）。

もっとも、武田軍の長篠城攻めは十八日頃まで間歇《かんけつ》的に続いていたようだ。十八日の酉の刻（午後六時頃）にも、武田軍が不意に長篠城内に攻めこんできた。そこで防戦し、手柄を立てた松平勝次《かつつぐ》が深手を負ったことに対し、家康は勝次に感状をあたえている（『記録御用所本古文書』）。その後、勝次はこの負傷がもとで死去したという。

奥平家家宝の血染めの陣太鼓■長篠城での籠城時、奥平軍が使っていたものである。飛び散った血も付いており、戦いの激しさを伝える　新城市長篠城址史跡保存館蔵

長篠城の本丸跡■現在は本丸跡の碑が立つばかりで静かな様子だが、奥平軍は武田軍の攻撃に耐えながら、長篠城で織田・徳川両軍の援軍を待ち続けていた　愛知県新城市

長篠合戦図屏風に描かれた長篠城と奥平信昌■上半分は籠城する長篠城の兵で、下半分は鳶巣山砦への奇襲を聞き、打って出る兵を描く。城壁から身を乗り出し、白い采配を振るっているのが信昌である　犬山城白帝文庫蔵

■信長の来援■

三月に、信長から家康に贈られた兵粮米のうち三〇〇俵が長篠城に備えられたため、包囲されても食料的には持ちこたえられたものと思われる。たび重なる武田軍の攻撃をそのつどはねのけたとはいえ、圧倒的な人数の差はいかんともしがたく、次第に長篠城に籠もる兵たちは困窮していったのではないだろうか。

江戸初期に成立した記録である『松平記』によれば、当初、家康は徳川軍だけで長篠城の救援にあたろうとしたが、信昌から忍びの使者をもって伝えてきたところでは、武田軍は大軍であるため、とても徳川軍だけでは太刀打ちできない、信長にも協力を要請して早く支援してほしい、さもなくば兵粮が尽きて落城は疑いないとのことだった。そこで家康は、五月十日に、信長に援軍を要請する使者を派遣したという。

落城にむすびつく理由が兵粮なのか敵の攻撃なのかは史料によってまちまちだが、包囲から十日を過ぎると、さすがに城内に暗鬱《あんうつ》な空気が立ちこめてきたようである。

第一部第二章で見たように、信長は四月には本願寺攻めをおこなっており、四月二十八日に京都を発って岐阜に帰った。勝頼三河侵入の報は届いていたものと思われる。『信長記』によれば、その後五月十三日に信忠とともに兵を率い岐阜を発ち、

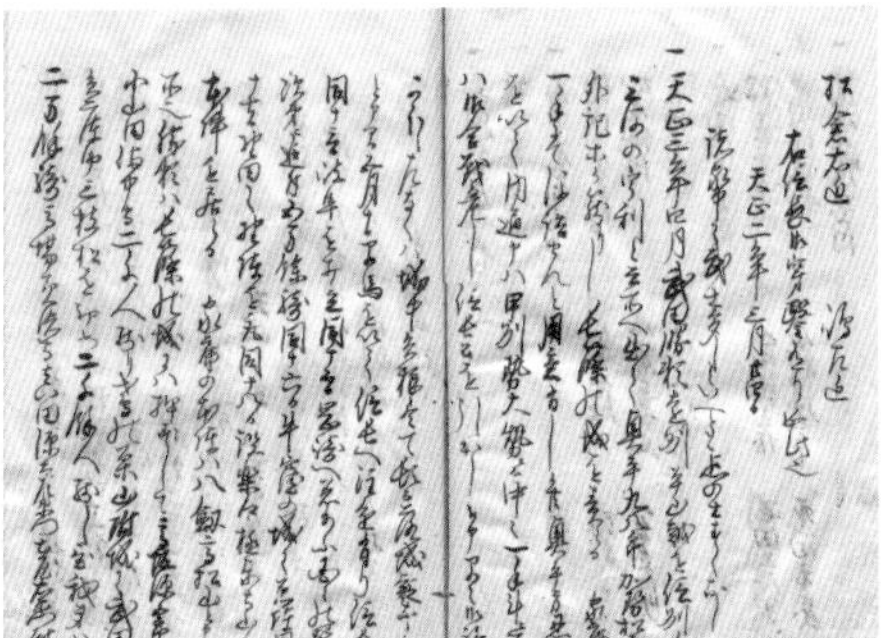

『松平記』に記された長篠城の救援をめぐる記事■『松平記』は天文四年（一五三五）から天正七年（一五七九）までの事件などを年代順に収めた記録である　国立公文書館蔵

その日は熱田に宿し、翌十四日から十五日までは岡崎にあり、十六日に牛久保城、十七日に野田原に至った。

■鳥居強右衛門の活躍■

信長が岡崎にあったとき、長篠城から来援を要請する使者としてやってきたのが、鳥居《とりい》強右衛門《すねえもん》であった。強右衛門については別著にまとめたので、詳しくはそちらをご参照いただきたいが、ここでは簡単に彼のはたらきを紹介しておきたい。

彼の行動を記す史料として、『三河物語』のほか、江戸時代前期の寛永元年（一六二四）に開版された小《お》瀬甫庵《ぜほあん》の著『信長記』がある（以下、これを『甫庵信長記』と呼ぶ）。『甫庵信長記』によれば、兵粮が少なくなってきたことを知った信昌が、信長の来援を要請する使者を務める者を募ったところ、志願したのが強右衛門であった。強右衛門は、母と子の後事を託して、「わか君の命にかわる玉の緒の何いとひけん武士の道」と

長篠合戦図屏風に描かれた長篠城を牽制する穴山信君隊■長篠城を包囲するなか、信君は城の正面をおさえる役割を担った　犬山城白帝文庫蔵

いう辞世を詠んだあと、五月十四日の夜に城を出発したとされる。

　武田氏は厳重に城を取り巻いていたが、無事脱出して、出発前に約束していたとおり、城の向かいの山に狼煙《のろし》を揚げて仲間たちを安心させた。その後、岡崎に到着したのは翌十五日の晩だという。約一日かかったわけである。長篠から岡崎まで、直線距離にして約三七キロメートルある。

　『信長記』では、信長はすでに十四日に岡崎に到着していたとあったが、『甫庵信長記』では、十五日酉の刻（午後六時頃）に到着したとしている。強右衛門は信長に対し、長篠城の様子をつぶさに言上した。信長は強右衛門の功を賞し、長篠城への報告は別の飛脚に任せて休むようにと彼をいたわったのだが、強右衛門は、みずからが城に戻って報告し、城内の兵を元気づけたいとこれを断り、すぐに長篠城へと取って返した。やはり一日かけて、十六日の夜に長篠城までたどり着いたという。

　前述のように、蟻《あり》の這い出る隙もないほど武田

錦絵に描かれた鳥居強右衛門■月岡芳年「皇国二十四功」 国立国会図書館デジタルコレクション

「一身を以て一城を救ふ鳥居勝商」■鳥居強右衛門の壮烈な最期は、忠義の武将の姿として、明治以降、錦絵などに描かれ、明治四十三年の国定教科書にも取り上げられた『國史美談教訓画蒐』 当社蔵

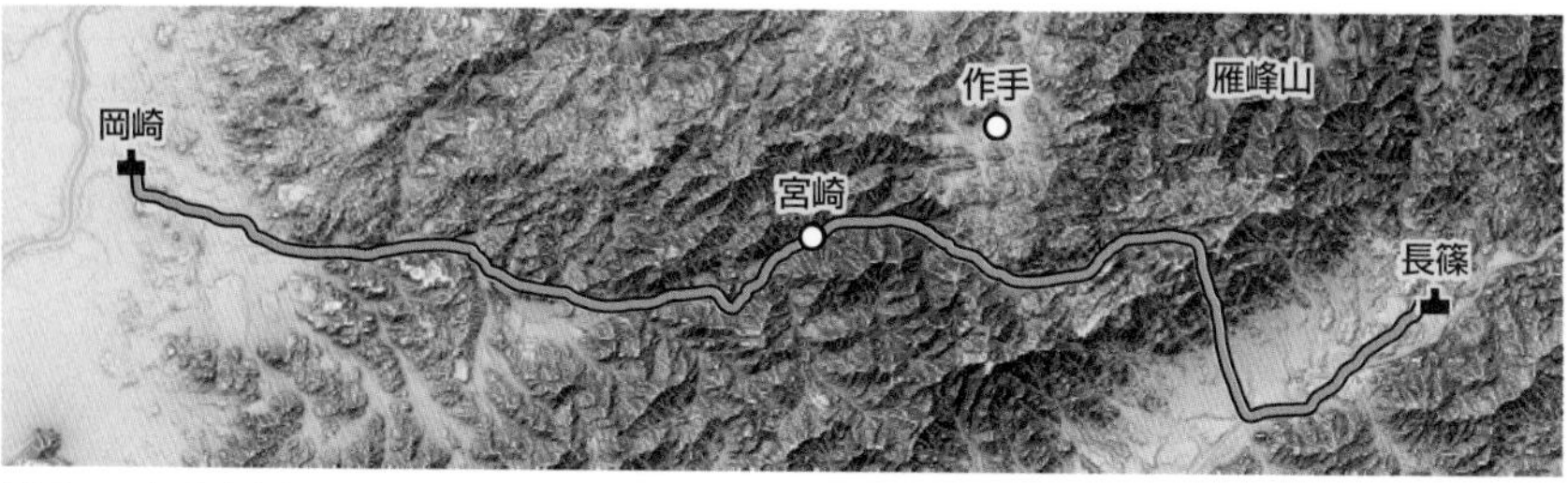

地図８　鳥居強右衛門往復路■高柳光壽『戦国戦記　長篠之戦』（春秋社、1960 年）所収の図をもとに作成

軍がきびしく城を囲んでいたため、強右衛門はどのようにして城に入ろうかと途方にくれていたところ、武田方の武士・河原《かわはら》弥《や》太郎《たろう》にその様子を怪しまれ、捕えられてしまった。

勝頼の前に出され、尋問を受けたとき、強右衛門は悪びれる様子もなく自身が帯びた密命を白状したので、勝頼はこれを許そうとした。その日の夜更け、武田信廉《のぶかど》が強右衛門のところに来て、長篠城内の味方に向かい、「信長の来援はないので早く開城するのがよろしかろう」と伝えてほしいと要請したところ、強右衛門はこれを受諾した。明け方に武田方の兵一〇人ほどを付けられた強右衛門が城近くまでやってきて、城内の仲間に対して、「信長卿はあと二、三日で当地に到着するから、もう少しの辛抱である」と伝えた。勝頼は強右衛門の行動を知り、「義士なり」として助けようとしたけれども、みずから望んで斬られたという。

これには異説もあって、『三河物語』では、武田軍にきびしく攻められ、これ以上耐えられないと判断し

長篠城弾正郭跡■城の西側に位置し、このあたりで鳥居強右衛門が城内に向かって援軍が来ることを叫んだとする説がある　愛知県新城市

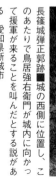

た信昌により強右衛門が派遣されたとする。武田方に捕えられて勝頼の前に連行された強右衛門は、勝頼から、城内の兵に援軍が来ないことを告げれば、許して知行をあたえるという条件を提示され、これを受けた。ところが、磔の状態で城の前に出された強右衛門の口から出たのは、もうすぐ来援があるという激励のことばだった。このため強右衛門は殺害された。

強右衛門が磔にされた姿は、このいくさのとき徳川方にあった落合《おちあい》左《さ》平《へい》次《じ》道次《みちつぐ》が自身の旗指物《はたさしもの》として描いて、いまも伝えられている。これまで道次は武田方の兵として強右衛門の行動を目撃し、それに武士としての義を感じて旗指物にしたと考えられてきたが、別著で論証したとおり、道次は徳川方にあったと思われる。

落合左平次道次背旗■家康に仕え、のちに家康の子で紀州藩主となった頼宣に仕えた落合左平次道次が使用した指物。ちなみに、かつては逆磔の姿を描いたものとされてきたが、近年の研究によって普通に立った状態であることが判明した　東京大学史料編纂所蔵

強右衛門の行動がいくさの流れにどの程度の影響をあたえたかはわからないものの、結果的に長篠城は持ちこたえることができたのである。

鳥居強右衛門磔死の碑（右）と墓所（左）■碑は長篠城近くの磔にされたといわれる場所に立ち、墓所は新昌寺境内にある　愛知県新城市

第二章　五月二十日の決断

■信長の作戦■

織田信長率いる軍勢は、天正三年（一五七五）五月十七日に三河の野田原までやって来た。翌十八日にはさらに前進し、設楽郷の極楽寺山《ごくらくじやま》に陣を布いた。『信長記』によれば、信長はこの布陣にあたって、設楽郷は「一段地形くぼき所」（周辺にくらべ低地になっている場所）なので、それを利用して、武田方に見えないように、部隊のまとまりごとに約三万の軍勢を配置したという。できるだけ軍勢を隠しておこうという考え方であった。

徳川家康率いる徳川軍は、「先陣は国衆が務める」という慣習により、高松山《たかまつやま》に陣を布いた。高松山は、信長の陣のある極楽寺山の東、より長篠城に近く、現在は弾正台地《だんじょうだいち》と呼ばれている場所だとされている。家康の陣の左手（北）には、織田軍のうち、滝川一益《たきがわかずます》・羽柴秀吉《はしばひでよし》・丹羽長秀《にわながひで》の率いる部隊が東向きに陣した。家康と一益の陣の前には馬塞《うまふさ》ぎの柵《さく》（馬防柵《ばぼうさく》）が構築された。

織田・徳川軍が布陣した地は、北は鳳来寺山《ほうらいじさん》から連なる山並み、南は乗本川《のりもとがわ》（豊川）

鳳来寺山■標高六九五メートルの山で、古くから山そのものが信仰の対象となったという。真言・天台の密教の道場としても栄えた　画像提供：新城市設楽原歴史資料館

が流れ、その南はやはり鳶巣山につづく山地帯に挟まれ、そのあいだの南北わずか三十町（約二・七キロメートル）にすぎない狭い地域であった。長篠から西の野田・吉田へ向かうためにはここを通過しなければならないので、武田軍の西への進軍を阻むという目的もあったのかもしれない。

この地域は南の豊川へと注ぐ川がいくつか流れており、そのうちのひとつである連吾川《れんごがわ》の西側に、織田・徳川軍が布陣したとされる。現在、連吾川は水面幅が二から三メートルであり、長篠の戦い当時もあまり変わらなかったのではないかと推測されている。

豊川へと注ぐいくつかの川のあわいには、北の山地から舌状に突き出た小高い丘陵がそれぞれ南に延びている。逆に言えば、丘陵と丘陵のはざまにあたる川沿いの低地が、「一段地形くぼき所」として軍の配置に利用されたということになる。家康が布陣した高松山以南の連吾川両岸付近は平地になっている。ただし、豊川に合流する付近は深い谷になっているため、そこから対岸に渡ることは容易ではない。

長篠の戦い前後に、信長が畿内にあった長岡藤孝に出した

長篠合戦図屏風に描かれた信長本陣■画像左手の馬に乗っている武将が信長である　犬山城白帝文庫蔵

黒印状が四通残っている（「細川家文書」）。このうち日付がもっとも早い五月十五日付の黒印状は、十二日付けで藤孝が出した書状の返事にあたる（信五〇九号）。このなかで藤孝は信長に対し、家中の鉄砲兵と火薬を集めていることを伝えたのだろう。信長はそれをもっともだとしたうえで、さらに集めてほしいと要請している。武田軍との対峙にあたり、鉄砲をとにかく多く必要としていたことがわかる。

また、この黒印状のなかで、長篠城は堅固に守っており、自分たちの来援もしっかりしたいと書いている。翌十六日には敵が陣取っている場所の近くまで進軍するつもりで、天からあたえられた好機なので相手を「根切《ねぎり》」にすると息巻いている。

徳川家康本陣跡■長篠城からは約４キロメートルの場所にあり、ここから東に300メートルのところで両軍がぶつかった。現在は八剱神社の境内になっている　愛知県新城市

長篠合戦図屏風に描かれた羽柴秀吉隊■画像左手の馬上の武将が秀吉である。この屏風では後方に描かれている　犬山城白帝文庫蔵

■鉄砲隊による先制攻撃■

次に合戦前日の二十日付けで藤孝に出した黒印状（信五一〇号、口絵図版）には、いよいよ自分の考えどおりになってきたとして、十七日に牛久保から軍勢を前進させ、長篠城から三里のところまで到達したと書かれてある。

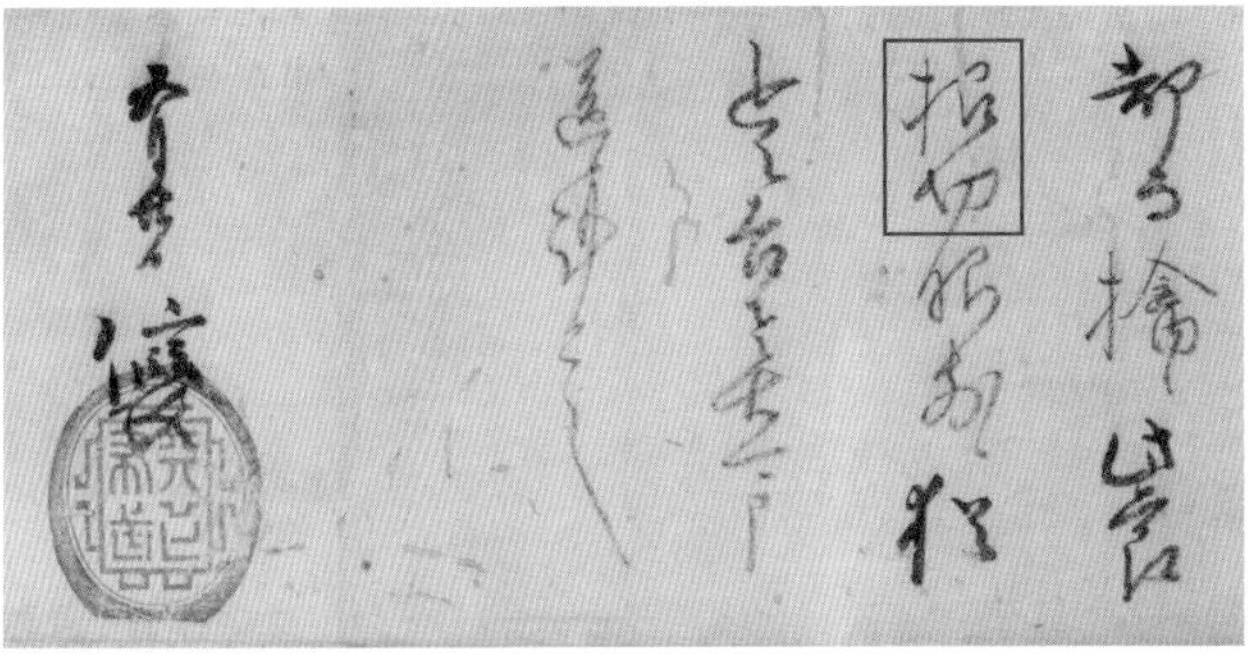

5月20日付け織田信長黒印状（部分）■長篠の戦い前日に出された文書で、戦況を伝えるとともに、「根切」（四角で囲んだ部分）はもうすぐだと勝利への自信をのぞかせる　永青文庫蔵

当時の里という距離単位（あるいはこのとき信長の頭にあった里という単位にもとづく距離感覚）が、現在の何キロメートルにあたるのか判然としない。『信長記』では、二・五から三キロメートルを一里としているようなので、それをもとに考えると、長篠城から直線距離で約九キロの地点に野田城跡がある。本章冒頭で述べたように、『信長記』では十七日に信長は野田原まで出たとあるから、そんなところだったのかもしれない。

さて、そこから信長は、「敵の布陣地は攻めにくい難所であったけれども、十八日に鉄

連吾川■この川の西側に織田・徳川軍が布陣した。現在の川幅も長篠の戦いのときと同じくらいであるという。川の側には田んぼが広がっている　愛知県新城市

砲隊を差し向けた」とし、「通路も思うようにならず、そのため逆に敵は擒《とりこ》となっている。根切は目前である」、と藤孝に伝えた。後半部分は納得のゆく文章解釈ができていないことをお断りしておく。この時点で勝頼は長篠城を囲んで寒狭川の対岸に布陣していたが、寒狭川の右岸（西側）にも武田軍が布陣していた可能性がある。信長は、野田からその付近まで鉄砲隊を派遣し、威嚇射撃をおこなったのだろうか。

このときの信長の出陣目的は、長篠城を囲む武田軍を牽制して長篠城を救うこと（後詰《ごづめ》）である。したがって、

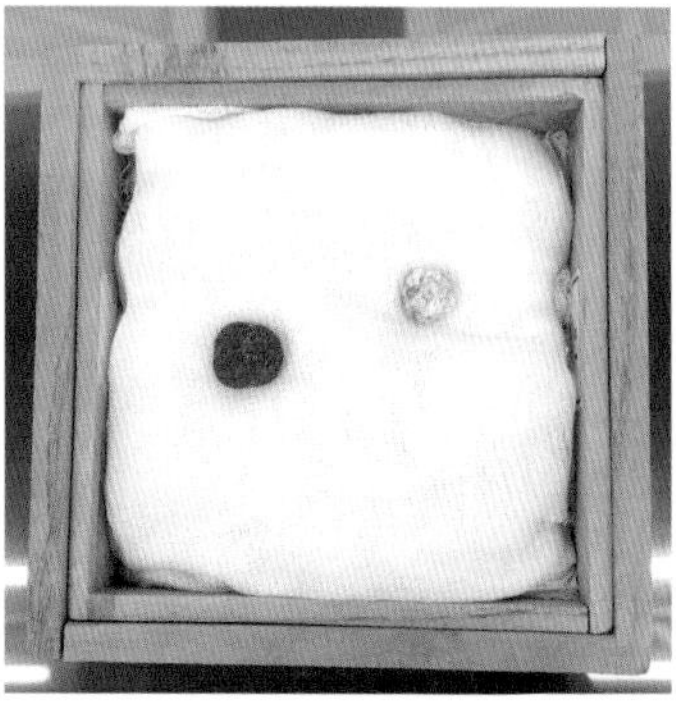

設楽原から出土した鉄砲玉■長篠の戦いで両軍が対峙し、鉄砲による攻撃が行われた連吾川岸の耕地で出土した鉄玉と鉛玉である　新城市長篠城址史跡保存館蔵

長篠合戦図屏風に描かれた馬防柵■武田軍の攻撃を防ぐために築かれた馬防柵とその後ろから鉄砲による攻撃をする織田軍を描く。写真左下で槍を立てている武将は、信長の重臣・佐久間信盛である　犬山城白帝文庫蔵

少なくとも長篠城に対する武田軍の圧迫を緩めるような手を打つ必要がある。十八日の作戦は、織田軍が接近してきたことを示し、武田軍の目を西に向けさせるためのものであったのだろうか。藤孝に対してたびたび書き送った根切という発言がどこまで真意をあらわしているのかわからないものの、そこから戦闘に発展することは覚悟のうえだったはずだ。

■勝頼の判断■

右に触れたように、合戦前日の日付で信長が出した書状があった。そこには十八日までの作戦行動が記されていた。また冒頭で述べたように、信長・家康の本隊は設楽郷に布陣し、馬防柵などの構築をおこなっていたのだろう。合戦ののち、勝頼が八月十日付けで出した書状には、「(敵は)陣城を構えて籠もっていた」とあるので(「真田宝物館所蔵文書」武二五一二号)相手にとってそう見えるほどの構築物をこしらえていたと考えられる。

実は勝頼にも合戦前日の五月二十日付けで出した書状が二通現存している(「東京大学史料編纂所所蔵文書」武二四八八号・「桜井文書」武二四八九号)。このように、ひとつのいくさをめぐって両軍の大将が前日に出した書状(それは言うまでもなく、いくさを知るうえで欠かせない重要史料となる)がともに残っているというのは、き

織田信長茶臼山本陣跡■信長が最初に陣を置いた場所。のちに南方の平地に移ったとされる　愛知県新城市　画像提供：新城市設楽原歴史資料館

わめてめずらしい事例なのではあるまいか。勝頼の書状は次のような内容である（口絵図版）。

当陣の様子心もとなきの旨、態《わざ》と飛脚祝着に候。万方《よろずかた》本意に属し候の間、安緒（安堵）たるべく候。しからば長篠の地取り詰め候の処、信長・家康後詰のため出張候といえども、さしたる儀なく対陣に及び候。敵てだての術《すべ》を失い、一段逼迫《ひっぱく》の体《てい》に候の条、無二《むに》かの陣へ乗りかけ、信長・家康両敵どもこの度本意に達すべく候。案の内に候。なおその城用心、別して念を入れらるべき事肝要に候。恐々謹言

五月廿日　　勝頼（花押）

長閑斎（武二四八八号）

当方の様子が心配だというので、わざわざ飛脚を派遣してきてくれてありがとう。ほぼ自分の思ったとおりになっているので、安心してほしい。長篠城を攻撃したところ、信長・家康が支援のため出陣してきた。しかし、さしたることも起こらず対陣したままである。どうやら敵はなすすべを失い、困っている様子なので、一気に敵陣を攻撃し、二人を討って本意を達成しようと思う。うまいことといきそうだ。そちらの城の守備も、くれぐれも用心してほしい。

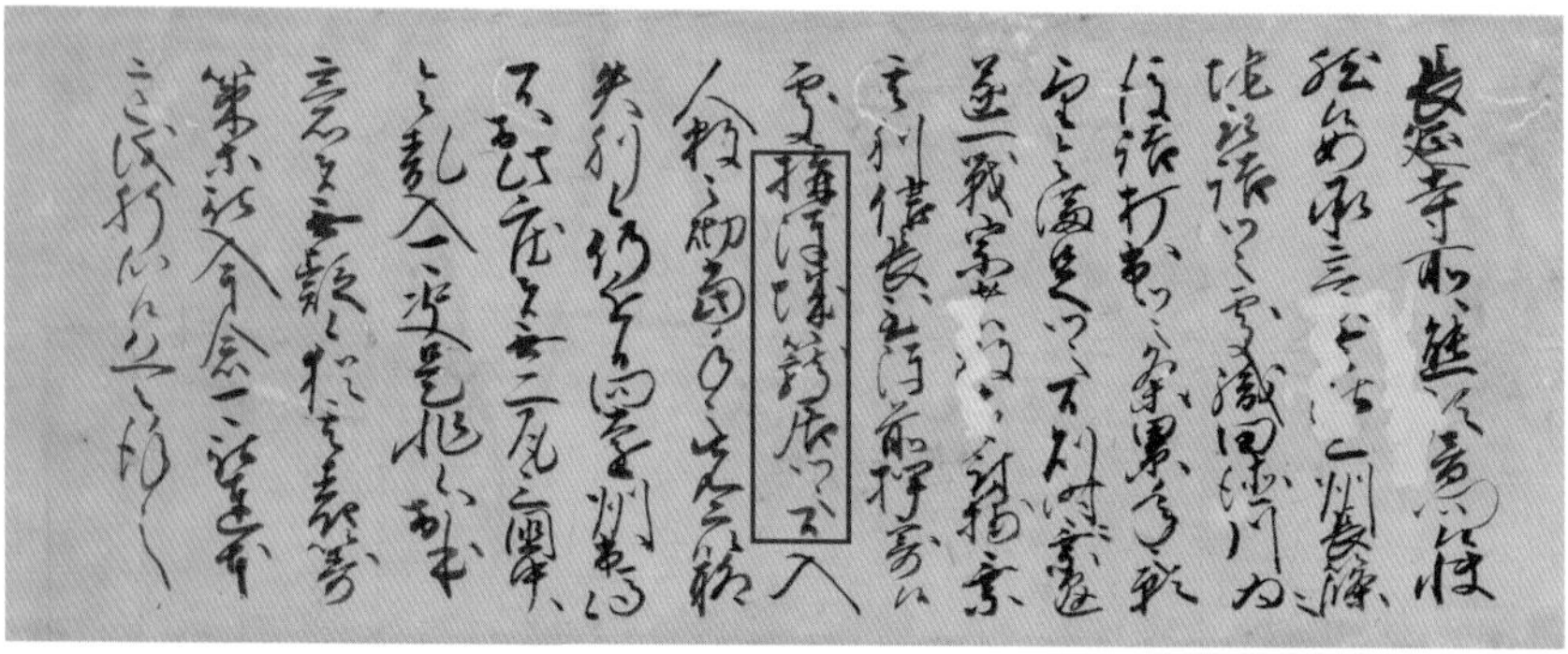

当時、駿河にあった家臣・＊今福長閑斎《いまふくちょうかんさい》に対して、二十日段階での勝頼の見立てと今後の作戦を伝えた内容である。ここで勝頼は、織田・徳川軍が出陣してきたものの、大きな動きも見せずに陣を張ったままであることを、敵が困っているとみなし、この機会を逃さず一気に攻撃しようと考えていたことがわかる。信長たちは十八日に設楽郷まで出てきたけれども、武田軍に兵を見せないように布陣し、目立った攻撃は鉄砲隊による威嚇射撃のみであったため、そのように感じ取ったのだろうか。

　こうした状況を見て、勝頼は決断した。長篠城包囲のため七人の将が率いる部隊を残し置き、寒狭川を越えて前進し、連吾川を挟んだ東側の丘陵に軍勢を配置したのである。

　『信長記』には、武田軍が「あるみ（有海）原」へ三〇町（約二・七キロメートル）ば

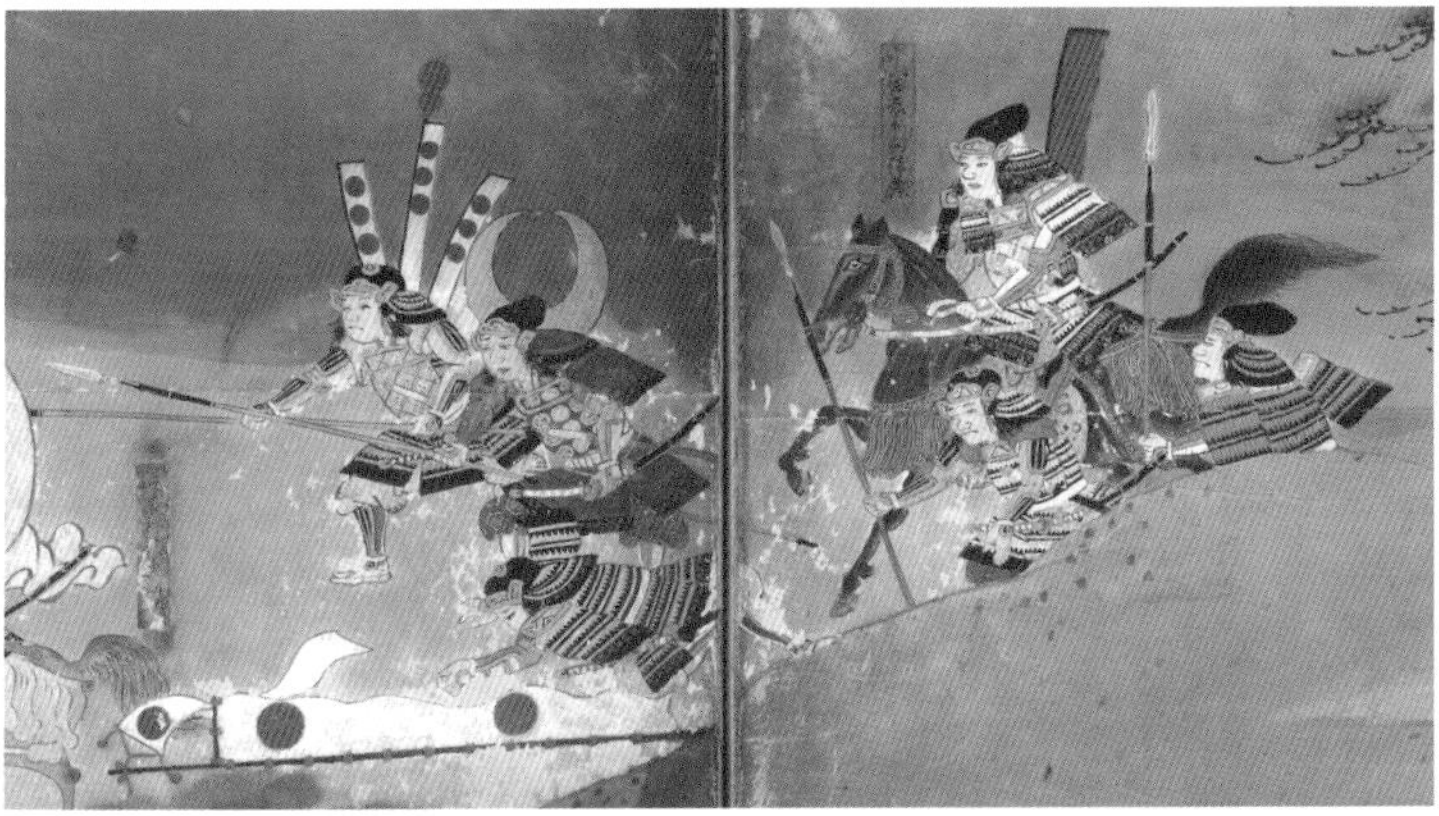

長篠合戦図屏風に描かれた小山田信茂隊■長篠の戦いでは武田家のなかでも最大規模の軍勢を動員したという　犬山城白帝文庫蔵

八月十日付け武田勝頼書状■四角で囲んだ部分で陣城を構えて籠もっていたと書かれている。この書状では勝頼が長篠の戦況を伝えつつ、尾張・三河へ攻め入る決意なども記されている　真田宝物館蔵

＊今福長閑斎■信玄の頃より武田氏に仕えた。駿河国久能城（静岡市駿河区）の城主を務めた。なお、久能城跡は現在の久能山東照宮にあたり、久能山城とも呼ばれる。

かり踏み出した結果、敵陣との間が二〇町（約一・八キロメートル）ほどの距離になったとある。円通寺山の勝頼の陣所から三〇町西に、勝頼が布陣したとされる「信玄台地」と呼ばれる丘陵がある。ただ、そこから織田・徳川軍の陣まで二〇町とすれば、いかにも距離が離れすぎている。単純に計測すると、そこは連吾川の西を流れる大宮川《おおみやがわ》のさらに西側になってしまう。『信長記』の誤りなのか（たとえば一〇町の誤り）、あるいは織田・徳川軍の陣所をもう少し西と見るべきなのか。ここでは『信長記』の距離記載についての疑問を記すのみにとどめたい。

『信長記』はこの勝頼の行動に対して、「川を前にして、鳶巣山に上がって（ただし勝頼の陣は鳶巣山にはなかった…金子註）陣を据えていれば何の問題もなかったのに」と、前進した決断を敗因のひとつにあげている。たしかに結果を考えれば、これは翌日の敗北につながる勝頼の大きな判断の過ちであった。この背景には、右に引用した書状に書かれてあるような観察と認識（勝頼にとっては勝算）があったのである。

■信長の次の一手■

このように武田軍が前進してくることを信長が計算に入れていたか

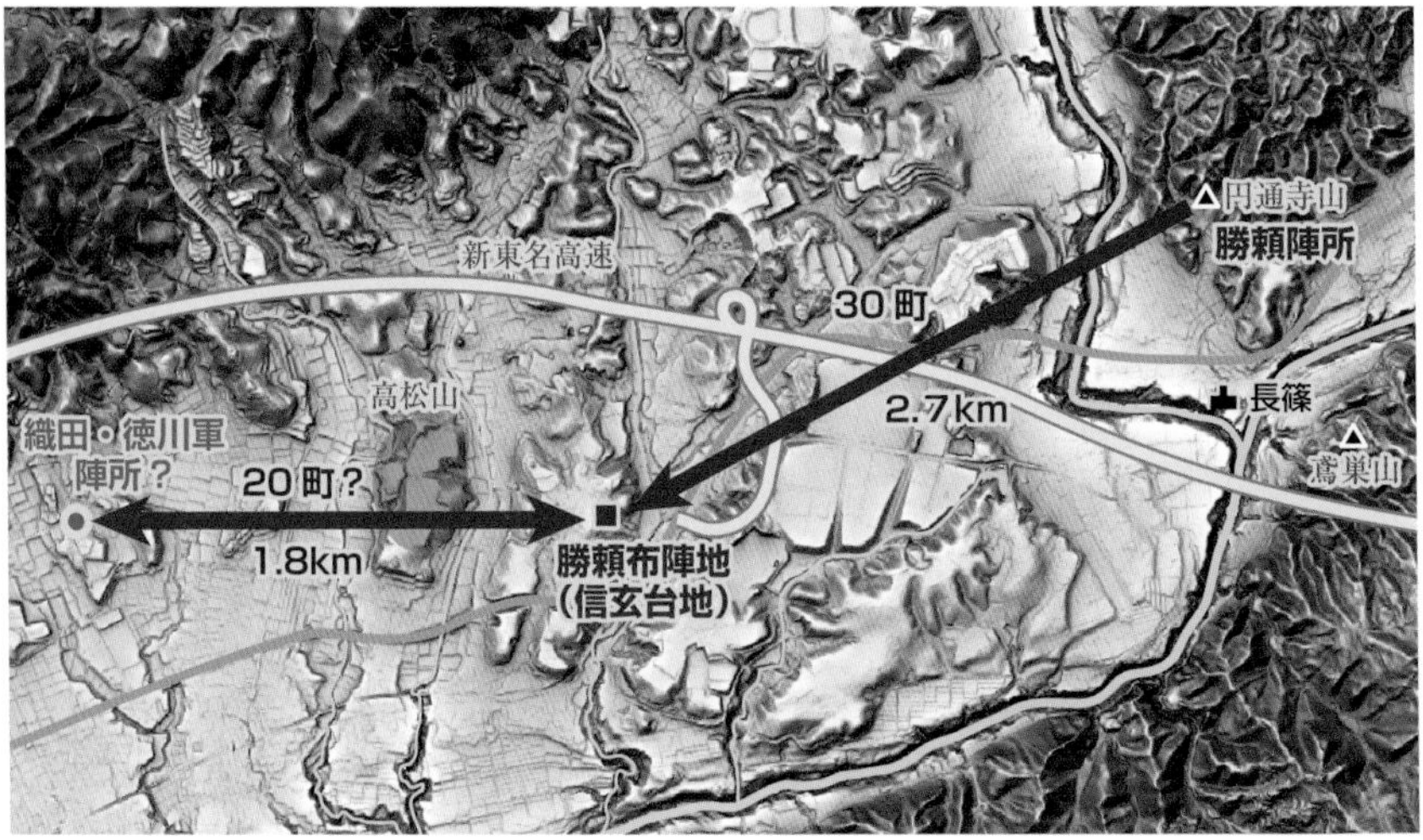

地図9　勝頼陣所、信長・家康軍の陣所位置図（『信長記』の記述による）

はわからない。ただ、連吾川流域の低地は、後述するように陣を布くうえでは絶好の場所であったようなので、その可能性も考えてその地に布陣し、自軍を敵に見えないように配置したことはありうる判断である。

　この様子を見て、信長は次の手を打った。家康の重臣・酒井忠次率いる兵二〇〇〇を中心に、信長馬廻《うままわり》[*1]衆の鉄砲五〇〇挺を添え、金森長近《ながちか》以下の馬廻を検《けん》[*2]使《し》としてくわえた計四〇〇〇の兵に対し、南の山を迂回して鳶巣山の背後にまわり、勝頼が長篠城包囲軍として残した鳶巣山砦の武田軍を奇襲するように指示したのである。『信長記』ではこの作戦を信長の発意のように記すが、少しあとに成立した『三河物語』や『甫庵信長記』では、忠次の提案としている。

　全体で三万を擁したとされている軍勢のうち四〇〇〇を割き、また、総数は不明ながら、少なくとも一〇〇〇挺以上あった鉄砲のうち五〇〇挺を割いてこの奇襲攻撃に当てた。これにはいかなる理由があったのだろうか。

　『信長記』には、「御《お》身《み》方《かた》一人も破損せざるのように」考えてこの作戦を立てたと書かれてある。つまり、自軍の損害を最小限に抑えたいというのが、いくさにあたっての最優先の条件だったのである。先に見たように、信長は一ヶ月前まで本願寺攻めをおこなっていた。二ヶ月前には、秋に予定されている本願寺攻めのための指示を長岡藤孝にあたえていた。このときの出陣目的が後詰であったことを考えると、ここで武田軍と本格的に干戈《かんか》を交えるつもりはなく、たとえそうなっても、できる

＊1　馬廻■大将の乗馬の際、近くで護衛にあたった兵。信長の家臣団では旗本のなかに属し、菅屋長頼・堀秀政・福富秀勝・長谷川秀一などが名を連ねたという。旗本には他に旗本武将・小姓・弓衆・鉄砲衆が属した。

＊2　検使■事実を見届けるために派遣した使者のこと。

かぎり本願寺戦のために兵を温存しておきたかったのではあるまいか。

勝頼の立場としたらどうだろう。三河に侵攻して、足助城以下、東三河北部の諸城を陥落させ、この地域の拠点である吉田城に圧迫をくわえたうえ、周辺の牛久保城や野田城から徳川方を一掃した。そうしたかなり優位な状況にあったなかで、余力による「ひと働き」として長篠城を包囲した。出陣期間がこれほど長期化するとは思っていなかったのかもしれない。

長篠城は、大軍によって包囲されながら二週間以上耐えた。攻めあぐねた勝頼の耳に、信長・家康が近くに進軍してきたものの、あちらも「逼迫」しているらしいという情報がちょうど届き、それなら一気に勝負をつけようと判断した。後年このときの戦いぶりを批判した『甲陽軍鑑』は、勝頼が「強すぎたる」大将であること

長篠合戦図屏風_第２幅：本紙（部分）に描かれた酒井忠次隊■鑓に兜や腹巻を提げて、身を軽くして移動する様子を描いた貴重な史料である。軍勢がいかに移動していたかがよくわかる　東京国立博物館蔵　Image:TNM Image Archives

金森長近画像■信長の家臣で、長篠の戦いでは鳶巣山砦の奇襲で活躍した。信長死去後は秀吉に仕え、飛騨高山城（岐阜県高山市）の城主を務めた　東京大学史料編纂所蔵模写

が長篠敗北をまねいたと指摘しているのも、このときの判断を念頭に置いているのだろう。

それを考えれば、武田軍が前進したのを見て即座に奇襲作戦を実行に移した信長の判断こそ、長篠の戦いにおける勝敗の分かれ目であったといえよう。状況に応じた柔軟な立案は賞されてよい。また、長篠城がふんばったことも、結果的に長篠の戦いでの勝利にむすびついた。断崖のうえにある立地や、直前の兵粮米備蓄が功を奏したのであろうか（そして、ひょっとしたら鳥居強右衛門の働きも）。

忠次率いる部隊は二十日の戌の刻（午後八時）頃に出発した。彼らは夜どおし行軍し、あくる朝に決行した鳶巣山砦攻撃によって、長篠の戦いの火蓋が切られた。

長篠合戦図屏風に描かれた勝頼本陣■馬上の武将が勝頼で、まわりを家臣が守っている。勝頼が戦況を見守る様子を描く　犬山城白帝文庫蔵

第三章 有海原の決戦

■鳶巣山砦の奇襲■

酒井忠次を大将とした四〇〇〇の兵は、天正三年（一五七五）五月二十日戌の刻に徳川方の陣所を出発した。『信長記』は彼らの経路を、乗本川（豊川）を渡り、南の深山《みやま》を迂回して鳶巣山に達したとする。

このとき鳶巣山砦攻めにくわわった形原《かたのはら》松平家忠と同家に関する記録『形原松平記』（江戸時代前期成立、国立公文書館蔵）によれば、野田の川（乗本川）を越え、難所である塩沢《しおざわ》・吉川《よしかわ》（愛知県新城市）の山道を通ったとある。塩沢は連吾川下流の川路から豊川を渡った対岸、吉川はその西南に位置するから、鳶巣山の南にある船着山《ふなつきやま》を南からぐるりと迂回したことになる。

攻撃が開始されたのは、二十一日辰の刻（午前八時頃）のこととされる。このとき鳶巣山砦で武田方にあって討ち死にした三枝守友《さいぐさもりとも》の系図記事に、卯の刻（午前六時頃）から辰の刻に至り戦ったとあるが（『寛永諸家系図伝』）、いずれにせよ早朝に襲撃があったようだ。

■鳶巣山砦跡から長篠城跡を見下ろす■鳶巣山砦を落とすと、長篠城の後方をおさえることができた　愛知県新城市

酒井隊は数百挺の鉄砲を放ちかけ、長篠城を包囲していた武田軍を追い払った。そのあと長篠城に籠城していた兵たちと合流して、敵が攻撃のために建てていた小屋を焼き払った。武田軍はこの奇襲に慌てふためき、鳳来寺の方面（北）を指して敗走したという。

『寛永諸家系図伝』によれば、徳川家の諸流で三河各地に拠って支配を展開した、いわゆる「十八松平《じゅうはちまつだいら》」と呼ばれる松平一族が、多く忠次麾下で鳶巣山攻めに参加

松平伊忠戦死の地■伊忠は武田氏による長沢城（愛知県豊川市）攻めの撃退や三河一向一揆攻めなど武勇に優れた。長篠の戦いで戦死したという地には、碑が立っている　愛知県新城市

地図10　酒井忠次隊推定進軍路

している。形原松平家忠、竹谷《たけのや》松平清宗《きよむね》、大草《おおくさ》松平康安《やすやす》、深溝《ふこうず》松平伊《これ》忠《ただ》・家忠父子、大給《おぎゅう》松平真乗《さねのり》、松井忠次らである。また三河国土井《どい》城主であった本多広孝《ひろたか》・康重《やすしげ》父子も含まれていた。酒井忠次が吉田城主として東三河を束ねていたことが、この軍事編成につながっていよう。このうち、深溝松平伊忠は討ち死にした。

また、三河設楽郡川路《かわじ》を領した設楽貞道《さだみち》や、先に武田軍から攻められ野田を脱出した菅沼定盈、遠江国井谷《いいのや》の近藤秀用《ひでもち》らも攻め手のなかにあったという。秀用の記事に「案内者となりてはせむかひ」とあって、彼らは鳶巣山へ向かう迂回路をよく知る地元の武士として、奇襲部隊を先導したのだろう。

『三河物語』には、このときの天野西次郎《さいじろう》と戸田半平重元《はんぺいしげもと》の一番鑓をめぐる争いについて述べられている。実は天野のほうが先に鑓を出したのだが、重元は指物を指して目立ったため、重元が先と判定されたという。『寛永諸家系図伝』によれば、重元は信長より功を賞せられ、「鑓半平」の称を授かったとされる。江戸時代後期に成立した武士の武功談『常山《じょうざん》紀談《きだん》』になると、重元の指物は銀の髑髏《どくろ》があしらわれて目立ったと書かれている。

長篠合戦図屛風に描かれた鳶巣山砦への奇襲■酒井忠次が率いる部隊が奇襲を行い、砦からは黒煙があがっている　犬山城白帝文庫蔵

■両軍が激突する■

前進して有海原に布陣した武田軍にとって、鳶巣山砦が落ち、長篠城を包囲していた味方が敗走したということは、後方にも敵勢が存在し、東西から挟まれることを意味する。武田軍が、織田・徳川軍に向かって西向きに突撃していったのは、そのためであったと考えられている。

このとき松井忠次の麾下で鳶巣山砦攻撃に加わっていた三河の武士・岡田元次《おかだもとつぐ》の系図記事には、鳶巣山砦攻撃の際に、狼煙《のろし》をあげることを命じられて出陣し、砦が落ちたあと、「諸将すなはち勝頼がうしろをさへぎらん事を要し」て、元次に狼煙をあげさせたという。これによって長篠の戦いが起きたと、戦いの流れが叙述されている（『寛永諸家系図伝』）。狼煙の真偽は定かではないが、おおよそのような流れでいくさは推移したのだろう。『信長記』も、「前後より攻められ」たため、武田軍も軍勢を前に出したとある。

『信長記』では、武田軍突撃の様子について、一番から五番まで、部隊ごとにかわるがわる突撃したように述べられている。一番は山県昌景隊、二番は武田信廉（逍遙軒《しょうようけん》）隊、三番は上野《こうずけ》小幡《おばた》氏の部隊、四番は武田信豊隊、五番は馬場信春隊である。信長は家康陣所の高松山まで来て、敵の様子を観察し、自分の命令次第動けと指示を出した。

長篠之役鳶ヶ巣陣戦没将士之墓■鳶巣山砦の主郭跡にある。酒井忠次隊の奇襲で、砦を守っていた武田信実ほか多数の武将が討たれたという　愛知県新城市

月岡芳年「月百姿　鳶巣山暁月　戸田半平重之」■明治時代に錦絵に描かれた戸田半平重元である。この絵でも銀の髑髏の指物をしている　国立国会図書館デジタルコレクション

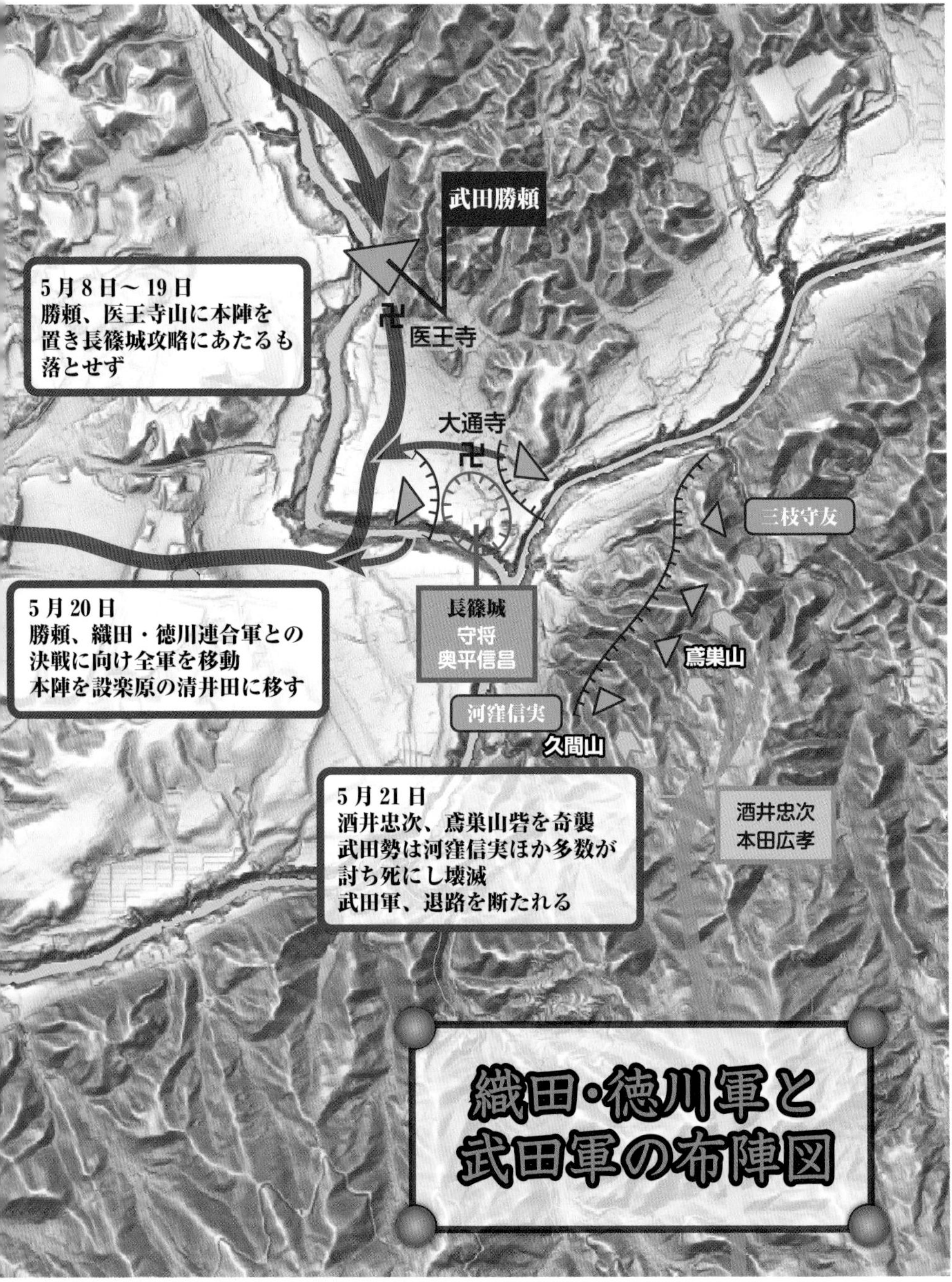
武田勝頼
5月8日～19日
勝頼、医王寺山に本陣を
置き長篠城攻略にあたるも
落とせず
医王寺
大通寺
三枝守友
5月20日
勝頼、織田・徳川連合軍との
決戦に向け全軍を移動
本陣を設楽原の清井田に移す
長篠城
守将
奥平信昌
鳶巣山
河窪信実
久間山
5月21日
酒井忠次、鳶巣山砦を奇襲
武田勢は河窪信実ほか多数が
討ち死にし壊滅
武田軍、退路を断たれる
酒井忠次
本田広孝
織田・徳川軍と
武田軍の布陣図

地図11　織田・徳川軍と武田軍の布陣図

山県隊は太鼓を叩きながら突撃してきたものの、鉄砲を散々に撃ちかけられて退却した。次に入れ替わった逍遙軒隊は、前進すると相手は退き、武田軍が退くと前進してくるというくりかえしのなかで、銃撃を浴びてこれも退却した。『甫庵信長記』にある表現を借りると、「敵猶強く馬を入れ来たらば、ちっと引き退き、敵引かば引き付けて打たせよ」という戦術なのだろう。押したり引いたりの駆け引きのなかで、敵が自陣に近づいたとき鉄砲を放ったのである。

小幡隊は馬上の巧者であったため、敵陣に馬を入れようと太鼓を鳴らしながら掛かってきたものの、織田・徳川軍は身隠しをして鉄砲にて待ち受け、大半が撃たれて退却せざるをえなかった。信豊隊も掛かってきたものの、鉄砲兵ばかりを追加して、足軽のみであしらって、一人の部将も柵の外に出ることなく、最後の馬場隊も含めて退却させたという。

■両軍はどう戦ったのか■

いくさは日の出から未の刻（午後二時頃）までおこなわれた

長篠合戦図屏風に描かれた山県昌景隊■赤備えの山県昌景隊が攻め入るも、織田・徳川軍の鉄砲による迎撃で倒されている場面を描く。写真右上で首を抱えている武将がいるが、その首は銃弾に倒れた昌景のもので、家臣の志村又右衛門が相手にとられないよう自軍に持ち帰っている。昌景は采配を口にくわえたまま、戦死したといわれている　犬山城白帝文庫蔵

（『信長記』）。『大須賀記』では、九つの始め（正午頃）から八つの時分（午後二時頃）までとある。一方、『甲陽軍鑑』では「三時ばかり」（約六時間）とある。朝方から昼過ぎまで断続的に激突がくりかえされたということだろうか。

突撃してきた武田軍に対し、「御人数一首《ひとかしら》も御出《おだし》なく」（『信長記』）、「作（柵）の内を出でずして、足軽ばかり出してたたかいける」（『三河物語』）、「信長の御人数みな柵の内に引き籠もり、一人も出でず」「柵の外へ出馬は御法度《ごはっと》候て、出し申さず候」（『大須賀記』）と諸史料が表現するように、織田・徳川軍は、信長が当初考えたとおり、味方に損害が出ないような戦い方に徹した結果の勝利であった。

鉄砲で相手を撃つためには、射程距離の問題もあるので、できるだけ敵を近くまで引き付ける必要がある。そのため前述のように足軽が有効に使われた。足軽たちを武田軍に向けて前進させ、適当なところで引いて、追撃してくるところを鉄砲で撃ったのである。『甫庵信長記』には、信長みずからが五人の従者を率いて柵から一〇町（約九〇〇メートル）ほど前進して、勝頼の陣へ大鉄砲を打ち掛けたとまで書かれてあるが、真偽は定かではない。

武田軍の戦い方について、いわゆる近代的な騎馬隊のように、騎馬武者ばかりでの総突撃はありえず、馬上から降りて戦ったのか、あるいはある程度騎馬の軍勢で突撃したのか、議論が分かれている点であった。『信長記』を見ると、少なくとも小幡隊は馬で敵陣に乗り入れようとしたらしい。長篠の戦いには参陣しなかった武

山県昌景墓碑■昌景は信玄の代から武田氏を支える重臣であり、敵方にもその名が知れわたるほどの人物であった。長篠の戦いで昌景を失ったことは武田氏にとって、大きな痛手であったであろう　愛知県新城市

田氏宿老・春日虎綱の口述がもとになっている『甲陽軍鑑』は、こうした馬による強行突撃を否定し、一つの部隊のうち七、八人は馬上のままで、ほかは下馬して鑓をとって戦ったとある。

『信長記』に書かれているように、ひとつの部隊ごとに突撃し、そのつど鉄砲で撃退されるというのは、素人目にもおろかな戦い方に映る。しかし、『甲陽軍鑑』でも「一備ぎりに掛る」とあることを考えれば、少なくとも横に広がって全軍総突撃というあり方ではなかったようである。

こうした戦い方になったのは理由があった。現地調査と聞き取り調査、明治の地籍図の分析などにより、当時の連吾川流域はぬかるんだ湿地帯であったのではない

騎馬武者模型装着状態の在来馬模型■材木座遺跡（神奈川県鎌倉市）の中型馬（乗用馬）の骨格を復元し、それに木曾馬を参考に筋肉を補った模型。14世紀前期の乗用馬と騎馬武者のイメージであるが、15世紀後半から16世紀も14世紀と大差はないだろうといわれており、当時の雰囲気を伝える　馬の博物館蔵

連吾川と復元馬防柵■連吾川を挟んだ先に織田・徳川軍が待ち構えていた。当時の両軍の位置関係が想像できる　愛知県新城市

かという研究が最近発表された。そのため、馬による機動性がいちじるしく損なわれたのではないかというのである。部隊が集団で攻撃するために、進路も限定されていた可能性があり、それが「一備ぎり」と表現される攻め方になったと思われる。

もっとも、武田軍もただ鉄砲で散々に撃たれただけではなかったらしい。『甲陽軍鑑』には、土屋隊が三重に設えられた柵のうちふたつまで破ったと書かれてあったり、このとき討ち死にした真田信綱《さなだのぶつな》・昌輝《まさてる》兄弟が前田利家《まえだとしいえ》・福富秀勝《ふくずみひでかつ》の鉄砲隊に向かって突撃し、柵を破ってみずから敵兵を討ち取ったという記録がある（『真武《しんぶ》内伝《ないでん》』）。また、武田方が「稠《きび》しく鉄砲を打ち懸け」てきたため負傷したという徳川方鷹見新八郎のような例もある（『譜牒余録』）。

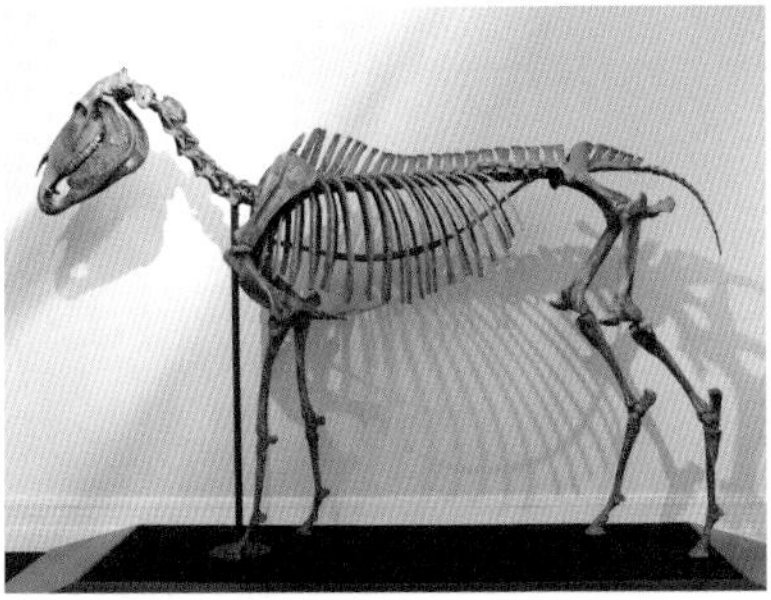

武田氏館跡出土馬骨複製（上）と出土状況（下）■武田氏館（山梨県甲府市）の西曲輪に附属する南馬出から出土した牡馬。乗用馬として使用されたと考えられており、武田軍もこのような馬に乗っていたのかもしれない　所蔵・画像提供：甲府市教育委員会

竹広激戦地の碑■徳川軍の馬防柵の前面にあたる場所。現在は田園地帯となっている　愛知県新城市

長篠合戦図屏風

（犬山城白帝文庫蔵・一部加筆）

①長篠城における籠城の場面を描く。城の正面を穴山信君隊がおさえていた。

②長篠の戦いの画期となった鳶巣山砦への奇襲の場面が描かれている。

③武田氏の重臣・馬場信春の最期を描く。本来は勝頼の撤退後の出来事であるが、同じ図に異なる時間の場面を描く手法がとられている。

④武田勝頼本陣。

⑤馬場信春の部隊。③と同一人物である馬場信春の合戦当時の様子である。

⑥討ち取られた山県昌景。

⑦徳川軍による鉄砲攻撃の場面。前を流れている川は連吾川である。

⑧徳川家康本陣。家康の後ろを流れる川は大宮川である。

⑨織田信長本陣。

⑩羽柴秀吉の部隊。

制作年代：江戸時代（十七世紀末頃まで
の制作）
員数：六曲一隻
法量：縦一六五・二センチメートル、横
三五〇・八センチメートル
伝来：尾張藩付家老の犬山城主成瀬家
備考：長久手合戦図屏風と合わせ一双と
して伝来

長篠合戦図屏風に描かれた徳川軍■画像左手中央の騎馬武者が徳川家康である。ここには大久保忠世・忠佐はじめ、本多忠勝・鳥居元忠・平岩親吉・石川数正・内藤信成ら徳川軍の主力が描かれている　犬山城白帝文庫蔵

長篠合戦図屏風に描かれた織田鉄砲隊■織田軍には滝川一益・佐々成政・前田利家らが描かれ、武田軍では白馬から投げ出された土屋昌次や馬から落ちそうな真田昌輝らが描かれている。両軍の激闘が感じられる　犬山城白帝文庫蔵

逆に織田・徳川軍も、足軽だけが柵の外に出て、おもな侍たちはひたすら柵の内側にいただけではなかったようだ。『三河物語』には、大久保《おおくぼ》忠世《ただよ》・忠佐《ただすけ》兄弟が敵軍のなかに突入して果敢に戦い、信長に賞された挿話が記されている。

これまで長篠の戦いを象徴するかのように考えられてきた〝新戦術〟としての鉄砲による戦い方については、いわゆる〝三千挺三段撃ち〟という、三列編成での交替射撃は否定されており、織田・徳川軍の鉄砲の挺数も、もっとも信頼できる『信長記』には「千挺ばかり」（池田家本には「三千挺ばかり」）とあるだけで、正確な数は定かではない。いくさの前から信長が鉄砲を揃えようとしていたことはたしかだが、これは柵を構えたことと同様に、戦いになったときにはできるだけ味方の損害を抑えようとしたため、柵の内から鉄砲を放つことで対処しようとした徹底的な防禦戦術にもとづくものであった。

■信長の勝因■

ここで長篠の戦いが織田・徳川軍の大勝に帰結した理由を、勝った立場からの視点であらためてまとめておこう。

信長はこの時期の主な敵を本願寺に定めていたため、徳川方の境目の城々に対し、ある程度の時間稼ぎができるほどの兵粮を分けあたえていた。ところが、天正三年

徳川家康十七将図に描かれた大久保忠世
■家康の重臣で、長篠の戦いをはじめとした合戦で軍功をあげた。家康が関東へ移封された際には、北条氏が居城としていた小田原城を治めることになった　個人蔵

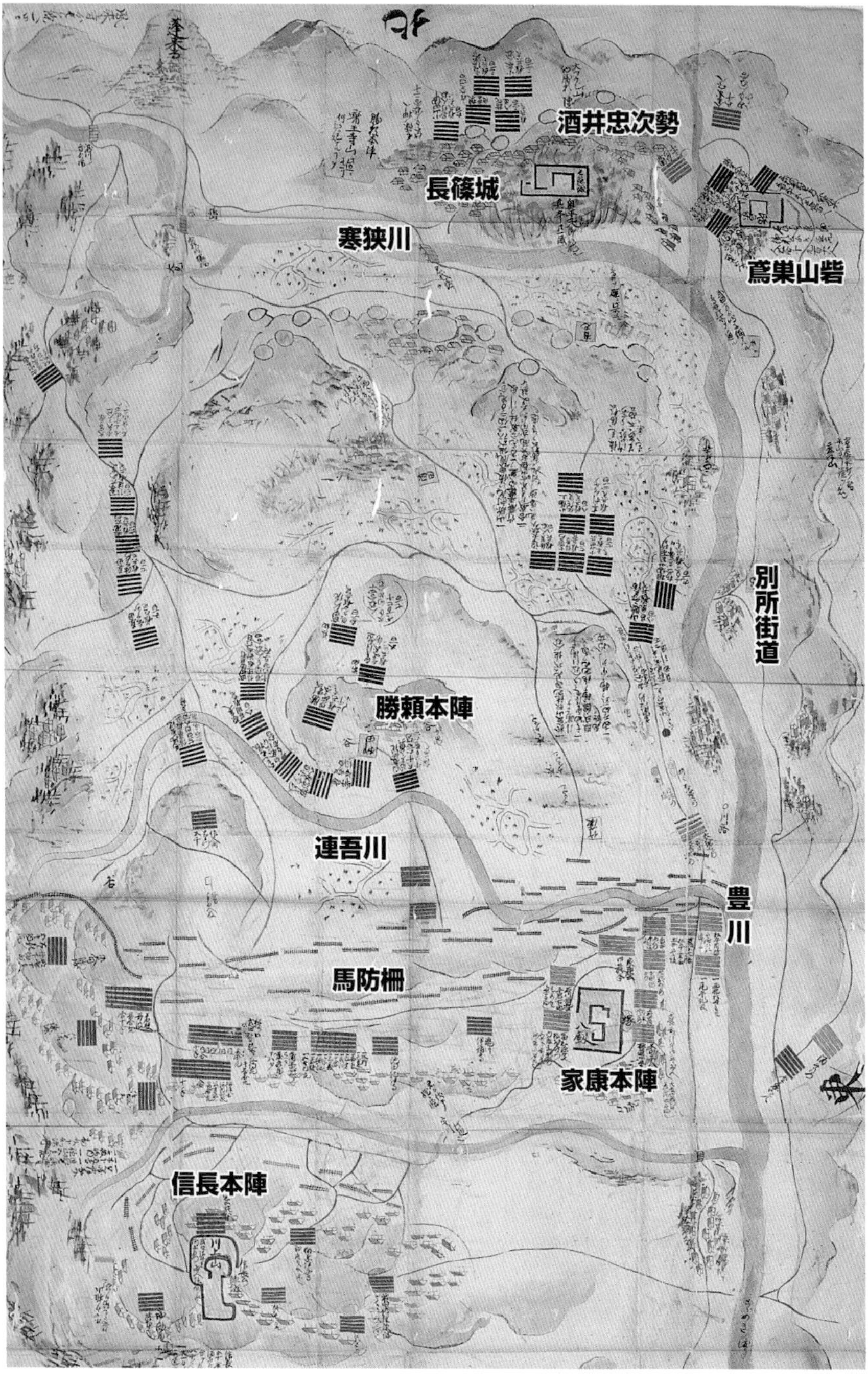
北
酒井忠次勢
長篠城
寒狭川
鳶巣山砦
別所街道
勝頼本陣
連吾川
豊川
馬防柵
家康本陣
信長本陣

四月、本願寺を攻めている最中に武田軍が三河に侵攻し、足助・吉田・野田といった諸城を攻撃し、最終的に長篠城を包囲したことにより、家康から援軍要請が出された。

後詰としての織田軍は、設楽郷まで前進したものの、それ以上武田軍に接近することはせず、連吾川の西に陣地を構築して数日経過した。この様子を見誤った勝頼が長篠城の包囲を緩め、有海原に前進してきた好機をとらえ、信長はできるだけ味方に損害が出ないようにという考え方から、酒井忠次に鳶巣山砦の奇襲を指示した。これによって武田軍が前後を挟まれ、前進せざるをえないような状況にしたのである。

もとより織田・徳川軍は、柵の内から出なくても応戦できる態勢を布いていたため、足軽によって引きつけて鉄砲を放つという戦法によって勝利を収めた。これには、連吾川周辺の土地が、馬で移動しての攻撃に不向きな湿地帯だったという条件も大きかった。この場所に陣を構築しようとした判断も勝因のひとつに指摘されている。

端的に言ってしまえば、馬防柵も、鉄砲を用いた戦い方も、鳶巣山砦の奇襲作戦も、ことごとく信長の防禦的姿勢によるのである。いかにも〝鉄砲戦術の勝利〟のように見える長篠の戦いだが、防禦的姿勢に徹し、それを前提にした状況判断、これが勝利をもたらしたと言えよう。

（右ページ）長篠合戦絵図■実際には絵図の北は東、絵図の西が北になるが、それぞれの陣・川・街など位置関係がよくわかる。連吾川の西岸に陣取る織田・徳川両軍に攻められ、鳶巣山砦もおさえられた勝頼は寒狭川方面に逃げるしかなかった　致道博物館蔵　一部加筆

復元された馬防柵と火縄銃の実演■「設楽原決戦場まつり」のひとこまで、当時の雰囲気を感じさせる　画像提供：新城市設楽原歴史資料館

第四章　長篠の戦いのその後

■武田軍の敗走■

鳶巣山砦を落とされて敵に後方を押さえられたこともあり、武田軍は有海原で前進突撃をくりかえした。そのなかで次第に兵力を失っていった武田軍は、勝頼を中心に集まり、鳳来寺方面へと敗走した。勝頼は山県昌景・馬場信春・真田信綱ら主だった家臣をこのいくさで失った。『信長記』には一万余が討ち死にしたとあるが、同時代の日記には「数千騎」（『兼見卿記』）、「千余」（『多聞院日記』）のように書かれている。

『信長記』には、武田軍のある者は山に逃れた果てに飢《う》え死《じ》にし、ある者は川で溺死《できし》するなど、戦死者は際限ないほどだったとある。いくさの五日後に織田信長が長岡藤孝に出した黒印状には、数万人を討ち果したが勝頼の首はこのなかに見あたらなかった、大半は切り捨てたが、川に漂っている侍も若干いると書いている（「細川家文書」信五一二号）。

さらに六月十三日付けで上杉謙信に出した書状では、勝頼は「赤裸《せきら》の躰《てい》」で逃げ

大通寺の杯井戸■馬場信春・山県昌景・内藤昌豊・土屋昌次らが長篠の戦いの前にこの泉の水をくんで別れの水杯を交わした　愛知県新城市

たと表現し（「上杉家編年文書」信五一八号）、『信長記』には、このとき戦場に残した勝頼秘蔵の馬を信長が分捕って自身の厩《うまや》に連れ帰ったとある。

勝頼の敗走経路ははっきりしない。一八世紀初め頃に成立した『参州長篠戦記』（四戦紀聞）には、滝川（寒狭川）を越えて、黒瀬（玖老勢《くろぜ》）から小松が瀬（いずれも新城市）にてふたたび寒狭川を西に渡り、そこから武節《ぶせち》城（豊田市）へ入ったとある。そこから信濃へと逃れたのだろうか。

江戸時代前期に成立した『当代記』や『寛永諸家系

馬場信春墓碑■信玄の頃から武田氏に仕え、長篠の戦いでは殿軍を務め、戦死したという。墓碑は別名である信房の名が刻まれている　愛知県新城市

長篠合戦図屏風に描かれた馬場信春の討ち死に■敵に槍で突かれながら壮絶な死を遂げる姿を描いている　犬山城白帝文庫蔵

図伝』（奥平信昌譜）の記事は、作手・田峯・鳳来寺・岩小屋《いわごや》（岩古谷）（作手・鳳来寺は新城市、田峯・岩古谷は設楽町）の武田勢は降伏して信濃に退き、それらの城々は奥平勢が占拠したとあっさりしている。

それよりあとに成立した『譜牒余録後編』の菅沼家の記録では、少し細かく経緯が記されている。そこでは、長篠の戦いの余勢をかって、徳川方がまず作手を落とした。武田方であった田峯の菅沼刑部少輔は武節に退いたが、そこから信濃国根羽（長野県根羽村）に移って逃れ、また岩小屋城の菅沼満直も同様に信濃へ逃れたという。『大須賀記』には、合戦当日のうちに家康が鳳来寺の麓黒瀬まで武田勢を追撃してきたところ、すでに敵は一人もいなかったのでそこから馬を返したとある。

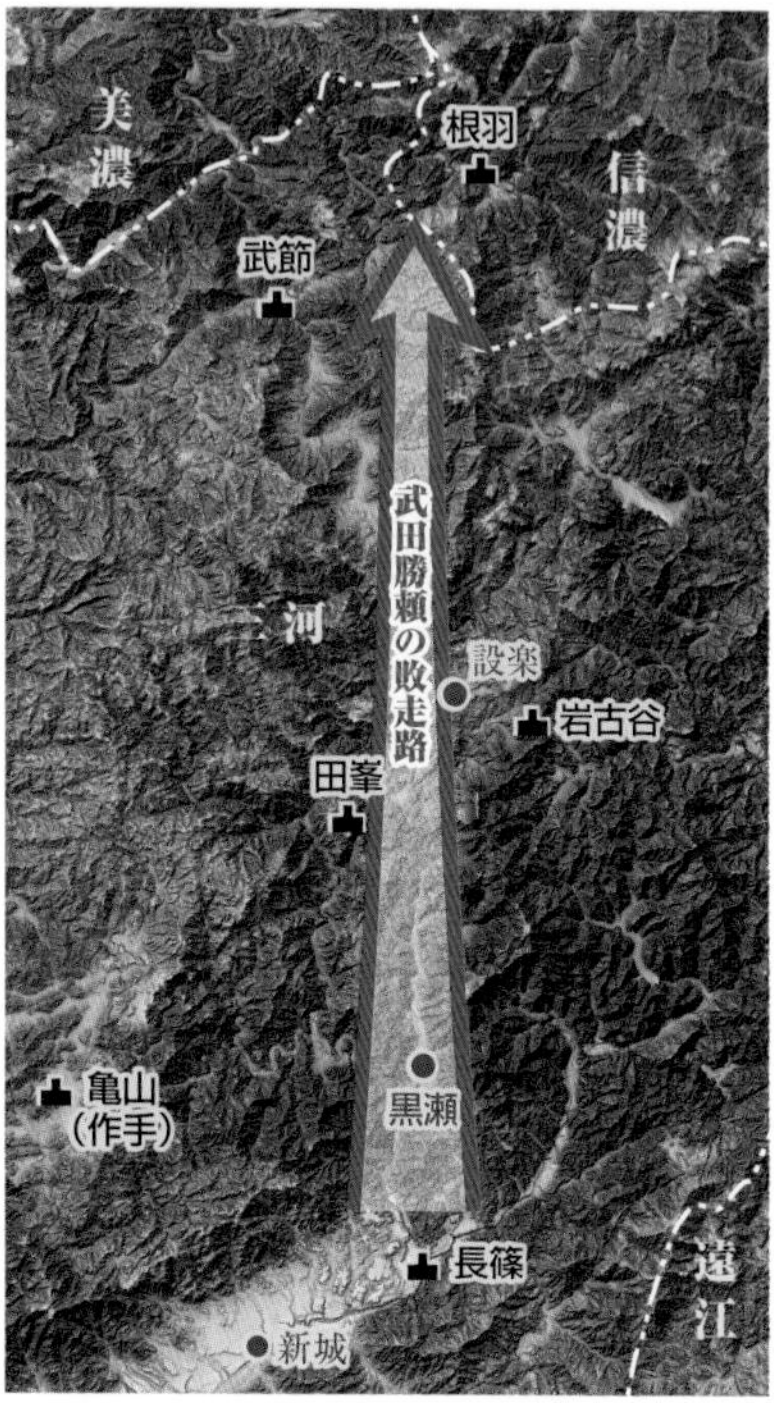

地図12　武田勝頼の敗走推定路■勝頼の敗走経路は史料によって異なり、確定していない

甘利信康の墓■信玄の頃から武田氏に仕える。主に上野方面の軍事で活躍した人物であったが、長篠の戦いで戦死を遂げた　愛知県新城市

武田軍が敗れて東三河北部から信濃へ退いたあと、東三河北部の武田方の国衆も信濃へ逃れ、作手や田峯など彼らの支配下にあった諸城もまたたくまに徳川方によって制圧されていったのである。武節城はしばらく保たれたようだが、織田信忠の美濃岩村城攻めにともなって、佐久間信盛が奥平信昌らとこれを攻め、七月に陥落させたとされる（『寛永諸家系図伝』）。

首塚■勝頼は田峯城主の菅沼定忠の案内で田峯を目指すも、田峯城の留守居役の今井道善に敗走者だからと入城を拒否された。顔をつぶされた定忠は田峯城内の裏切り者を惨殺したという。この首塚は田峯城で殺された人びとの菩提を弔うために作られた。往時の戦乱の激しさが伝わる　愛知県設楽町　画像提供：設楽町観光協会

■長篠の戦い後の情勢■

長篠の戦いに敗れ、多くの将士を失った武田氏では、上杉氏の押さえとして信濃海津城に在番していたためいくさに参加しなかった春日虎綱が、勝頼に対していくつかの献策をおこなったとされている（『甲陽軍鑑』）。彼の献策のうち、史料上で裏づけられる北条氏との縁組による同盟強化や、討ち死にした家臣の家の相続をはじめとした軍役の再編成な

さかさ桑■長篠の戦いの落ち武者が寒狭川中流に位置する小松集落にさしかかったとき、民家の庭に杖を差し出した。杖からは桑の芽が出たが、下方にのみ伸びるので「さかさ桑」と名付けられたという。この落ち武者は勝頼だと伝承ではいわれている　愛知県新城市

どは、逆に武田氏家督としての勝頼の基盤強化につながったともされ、敗北が七年後の天正十年（一五八二）における武田氏の滅亡に直結したとは、かならずしも言えない。

武田二十四将図■信玄の頃から武田家を支えてきた多くの家臣を、長篠の戦いで失うことになった　柳沢文庫蔵

敗北から滅亡へという因果関係を生み出す考えの芽となり、長篠の戦いから武田家滅亡という下り坂の物語を作りだしてしまったのは、春日虎綱の口述をもとに編纂された『甲陽軍鑑』であったとおぼしい。

勝頼のこのときの判断を「分別《ふんべつ》違い」と表現し、側近長坂光堅《ながさかみつかた》・跡部勝資《あとべかつすけ》のふたりを強く批判した虎綱であったが、彼自身は武田家滅亡以前に没している。虎綱はこの敗北により、武田家が衰勢に傾くことを憂慮していただけなのである。しかし、結果的に武田氏が滅亡してしまったことで、虎綱の語りは予言めいたものと化し、『甲陽軍鑑』にて批判的に描かれる武田氏の長篠敗北は滅亡の元凶と目されてしまうのである。

長篠合戦図屏風に描かれた跡部勝資■馬上で槍を持つ武将が勝資である。勝資は信玄の頃から武田氏に仕え、勝頼が家督相続後には側近として頭角をあらわした　犬山城白帝文庫蔵

もちろん客観的にみれば、長篠の戦いを期に、それまで武田氏が支配していた領域が織田・徳川氏に奪われたことは間違いない。東三河北部もそうだが、遠江北部も同様である。武田方の依田信蕃《よだのぶしげ》が守っていた遠江二俣《ふたまた》城（静岡県浜松市）は六月

二俣城跡■天竜川と二俣川の合流地点に立地する城郭で、長篠の戦い以外でも武田・徳川両氏が多く争った場所でもある。のちに家康の嫡男信康がここで自害したことでも知られる　静岡県浜松市

初めに包囲され、十二月に開城した（『依田記』）。また、同じく光明《こうみょう》城（同前）も攻撃を受け、七月には開城している（「孕石文書」武二五〇二号）。

東美濃方面でも、前述のとおり信忠による岩村城攻めが七月頃から始まった。十一月に入って勝頼が後詰のため岩村に向かったところ、その軍勢が到着する前に信忠率いる攻撃軍が岩村城籠城衆とのいくさに勝利し、それによって力を失った岩村城は開城を余儀なくされた。前年の天正二年以来、東美濃は武田氏の支配下に置かれていたが、こちらもその勢力を排除することに成功したのである。これらは長篠の戦いが直接的に影響した結果だと言うことができよう。

あくまで仮定の話だが、勝頼が吉田城攻めのあと、「ひと働き」を考えずに、最低限、足助城などの守りを固めそのまま領国に兵を返していれば、遠江北部・三河北部や東美濃はすぐに奪われずにすんだのではないか。

もしそうであったら、畿内やその周辺における信長

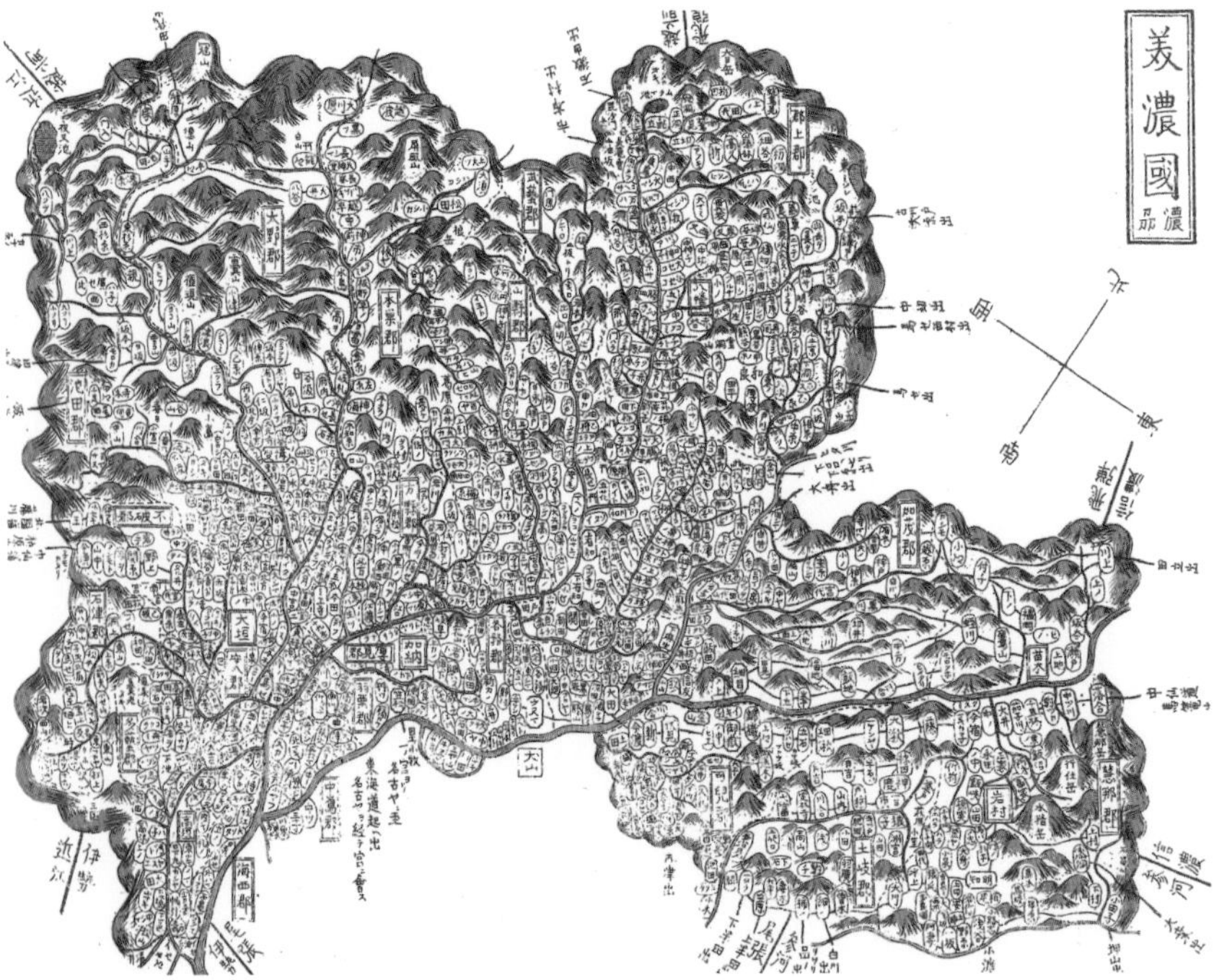

美濃国絵図■当社蔵

の戦略、具体的には本願寺攻めや越前一向一揆攻めにも別の展開がありえただろうし、この年の信長の権大納言《ごんだいなごん》・右大将任官《うだいしょうにんかん》、さらには信忠への家督譲与、さらに翌年から始まる安土城築城もどうなっていたかわからない。まことにこのときの勝頼の判断は歴史の大きな分岐点のひとつであったといえよう。

■鎮魂と記録・顕彰■

いくさのあと、戦場となった場所の一角に塚が築かれ、そこに武田方の戦死者が葬られたという。『松平記』によれば、長篠の戦いの勝利を祝うとともに、死去はほぼ間違いないと思われていたけれども、表向きなお死が隠されていた武田信玄の調伏《ちょうぶく》という名目もあわせ、このとき討ち死にした武田方の武士たちをひとつの穴に葬って塚が築かれた。そのため、塚は「信玄塚」と呼ばれたのだという。

江戸時代以来今日まで、毎年八月十五日の夜、信玄塚を中心に地元竹広《たけひろ》の人びとが火祭りを催し、無名戦士の供養をつづけている。「火おんどり」と呼ばれるこの供養は、周囲一メートル余、高さ三メートルにおよぶ大きな松明が村の門ごとに用意され、踊り手が松明の火元に集まって、連吾川で身を浄めたあと、「火おんどり坂」の上でそれぞれが手に持った松明に点火し、信玄塚へ向かう。

武田氏滅亡後、武田氏旧臣の多くは徳川家に召し抱えられた。ここまで何度も言

蟻塚■長篠の戦いの戦死者を埋葬した塚。長篠城の大手門跡といわれる場所にある。ここから毎年蟻が湧いたため、戦死者のたたりと考えた住民が立派な石碑を建てて、丁寧に供養したところ出なくなったという伝承がある　愛知県新城市　画像提供：新城市設楽原歴史資料館

火おんどり■男たちが大きな松明を抱え、鉦や太鼓の囃子にのって、8の字を描くように松明を振り回す行事である。400年以上も絶えることなく続けられている　画像提供：新城市観光協会

及してきた江戸時代前期の寛永年間に編纂された大名・幕臣の系図集『寛永諸家系図伝』には、徳川方として、あるいは織田方として、また武田方として長篠の戦いに参陣して奮戦した父祖の記録が多く書きとめられている。

先に言及した『形原松平記』のように、個々の家で由緒書上《ゆいしょかきあげ》のようなかたちで父祖の戦功が書き残されることもあった。徳川方でいえば、奥平家をはじめとして本多家や大須賀家などが挙げられる。また、鳶巣山砦攻めの際に討ち死にした松平伊忠の曾孫にあたる忠房が編んだ『家忠日記増補追加』のような史書もある（内容は徳川創業史であって長篠の戦いに限定されない）。

武田氏滅亡後、家康に仕えた小幡景憲《かげのり》は、春日虎綱の口述をもとに執筆された『甲陽軍鑑』を一書にまとめるにあたり、大きな役割を果たしたとされている。彼を祖

首洗池■長篠の戦いのとき、この池で戦死者の首を洗ったという。近くに信玄塚がある　愛知県新城市

とする甲州流兵学のなかで、彼が実際に耳にしたという徳川氏・武田氏双方の長篠の戦い参陣者の経験談が記録伝承され、それらがもとになったのだろうか、兵学伝授の場で用いられる布陣図が描かれた。有海原を中心に、北を上にして左手に織田・徳川軍、右手に武田軍、右の端に長篠城といった構図はどれもほぼおなじである。

江戸時代における長篠の戦い像の視覚化としていまひとつ注目されるのが、「長篠合戦図屏風」である。現在のところ一三点の伝来が確認されており、多くが天正十二年（一五八四）に起きた小牧・長久手の戦いの様子を描く「長久手合戦図屏風」と合わせ一双として伝来している。

このなかでもっとも著名なのは、尾張藩付家老《つけがろう》の犬山城主成瀬《なるせ》家に伝わった一本である（以下、成瀬家本と呼ぶ）。制作時期がもっとも古いとされる名古屋市博物館所蔵の一本を除き、他はほぼ成瀬家本と同様の図柄である。成瀬家は、長篠の戦いに成瀬一斎《いっさい》（正一）が、長久手の戦いにその子で犬山藩初代の正成《まさなり》が参陣しており、それぞれの屏風中にふたりの姿が描きこまれてい

信玄塚■愛知県新城市

戦国の陣没将士墓苑■長篠の戦いで戦死した和気宗勝・高坂助宣・小山田昌晟・横田康景の墓が並ぶ　愛知県新城市

大海
武田勝頼本陣
医王寺
大海
JR飯田線
寒狭川
八束穂
有海
大通寺
長篠城址
宇連川
馬場信房墓
長篠城
コロミツ坂
清井田
新昌寺
鳥居勝商磔碑
鳶巣山
(鳶ヶ巣山)
鳥居
鳥居強右衛門墓
豊川
長篠の戦い
関連史跡地図

地図 13　長篠の戦い関連史跡地図■新城市設楽原歴史資料館提供の図をもとに作成

る。

成瀬家本は、十七世紀末頃までに制作されていたと考えられている。制作の背景として、もともと徳川氏譜代の家臣でありながら、尾張藩付家老とされたため立場上将軍の陪臣《ばいしん》となった成瀬家が、藩祖正成が参じた戦いを屏風に描くという政治性を背景にして、まず「長久手合戦図屏風」が構想され、これと対になる画題として、正成の父一斎が活躍した長篠の戦いが選択されたと指摘されている。成瀬家本は享和《きょうわ》元年（一八〇一）に将軍家斉の上覧に供された。ただし「長篠合戦図屏風」については、これ以前に本多家で制作されたもの（伝存せず）が原本であるという説も出され、なお論争があるが、近年の研究において、このように屏風制作の背景をめぐって研究が大きく進展していることは注目される。

成瀬家本が将軍の上覧に供されたあと、人びとの目に触れる機会がどの程度あったのかははっきりしない。少なくとも成瀬家では、貸出用の副本をもう一双制作しており、これをもとに肥前平戸《ひらど》藩松浦《まつら》家にて模本が制作されたことがわかっている。また、おそらく右の家斉上覧を機に、将軍家でも成瀬家本をもとにした長篠・長久手合戦図屏風の制作が開始され、幕末にかけて幕府奥絵師であった木挽町《こびきちょう》狩野家のもとで制作が進められていた。

さて、成瀬家本「長篠合戦図屏風」を見ると、布陣図同様、六曲一隻の屏風のほぼ中心（第四扇）に連吾川が描かれ、その左手に、馬防柵を構え、柵の内外から鉄

長篠合戦図屏風に描かれた成瀬正一■徳川氏の家臣であったが、以前は武田氏にも仕えていた。その経験を生かして、長篠の戦いでは武田軍の旗指物を判別する役割を担った　犬山城白帝文庫蔵

砲を放つ織田・徳川軍、右手に、騎馬しながら左に向かって進む武田軍の様子が描かれ、右端（第一扇）に、長篠城と鳶巣山砦の攻防戦が描かれるといった構図になっている。

このように絵画や図として視覚化された長篠の戦い像が、『甫庵信長記』や『総見記』のように板本となって印刷流布した軍記記事とあいまって、現在わたしたちが頭に浮かべる長篠の戦い像を形づくることになった。

織田信長茶臼山本陣跡と設楽原古戦場を望む■愛知県新城市

「長篠合戦図屏風」に描かれたいくさの場面は、江戸時代の人びとが「こうであったらしい」「こうあるべき」と頭に描いた姿である。この図柄も手伝ってか、長篠の戦いは、鉄砲を効果的に用いた〝新戦術〟により軍事革命をもたらした画期的ないくさとして著名になった。桶狭間の戦いとともに、信長の軍事的能力の高さを示す代表的な戦いとして数えあげられるに至った。

しかし、それ以前からの流れを踏まえ、なぜそのような戦い方になったのかという意識で考え直してみると、信長は最初からこうした戦い

のぼりまつり■長篠の戦いで戦死した織田・徳川、武田両軍の武将の慰霊を目的に新城市で毎年開催されている。鉄砲による演舞など、現在に至ってもこの戦いでの鉄砲使用の影響が強く印象づけられている　画像提供：新城市観光協会

方を想定していくさの準備をし、有海原に布陣し、馬防柵を構築したわけではないことがわかっていただけただろう。

あくまで自軍の損害を最小限に抑えるための布陣であり、また馬防柵の構築と、その背後からの奇襲作戦であった。たまたま勝頼が情勢を見誤って兵を動かしたことに乗じて、鳶巣山砦への攻撃を案出し（あるいはそうした提案を採用し）、それが成功したことによって、結果的にあのような戦いとなったのである。

その時々の指揮官の判断が、いくさの帰趨を大きく左右する。その判断いかんによって、勝ち負けがどう転ぶかわからない。敗北した武田軍にしても、天正三年五月二十一日という日に、あのような状態で戦闘をおこなうつもりではなかったのではないかとも指摘されている。鉄砲戦術というよりも、あの場所を布陣地として定め、かつ相手を粉砕できるという機を逃さなかった信長の判断こそ、賞されるべきではないかと思うのである。

復元された馬防柵■長篠の戦いを象徴する馬防柵を復元したものである。当時の様子を想像できる場所といえる　愛知県新城市　画像提供：新城市長篠城址史跡保存館

【主要参考文献】

小和田哲男監修・小林芳春編『徹底検証　長篠・設楽原の戦い』（吉川弘文館、二〇〇三年）

金子拓・遠藤珠紀・久留島典子・久水俊和・丸山裕之「史料編纂所所蔵『大外記中原師廉記』」（『東京大学史料編纂所研究紀要』二三、二〇一三年）

金子　拓『織田信長〈天下人〉の実像』（講談社、二〇一四年）

金子　拓「『信長記』と美濃」（岐阜県博物館特別展『天下人の時代――信長・秀吉・家康と美濃』図録、二〇一五年）

金子　拓『戦国おもてなし時代　信長・秀吉の接待術』（淡交社、二〇一七年）

金子　拓『鳥居強右衛門　語り継がれる武士の魂』（平凡社、二〇一八年）

金子拓編『長篠合戦の史料学――いくさの記憶』（勉誠出版、二〇一八年）

鴨川達夫『武田信玄と勝頼――文書にみる戦国大名の実像』（岩波書店、二〇〇七年）

鴨川達夫「元亀年間の武田信玄――「打倒信長」までのあゆみ」（『東京大学史料編纂所研究紀要』二二、二〇一二年）

神田千里『敗者の日本史14　一向一揆と石山合戦』（吉川弘文館、二〇〇七年）

黒田日出男『『甲陽軍鑑』の史料論――武田信玄の国家構想』（校倉書房、二〇一五年）

黒田基樹『戦国期東国の大名と国衆』（岩田書院、二〇〇一年）

黒嶋敏編『戦国合戦〈大敗〉の歴史学』（山川出版社、二〇一九年）

小林計一郎「甲陽軍鑑の武田家家臣団編成表について」（『日本歴史』二〇六、一九六五年）

酒井憲二『甲陽軍鑑大成　第四巻研究編』（汲古書院、一九九五年）

柴辻俊六『戦国期武田氏領の地域支配』（岩田書院、二〇一三年）

柴辻俊六・平山優・黒田基樹・丸島和洋編『武田氏家臣団人名辞典』（東京堂出版、二〇一五年）

柴　裕之『戦国・織豊期大名徳川氏の領国支配』（岩田書院、二〇一四年）

下村信博　『戦国・織豊期の徳政』（吉川弘文館、一九九七年）
白水　正　「長篠合戦図屛風の人名表記について」（『公益財団法人犬山城白帝文庫研究紀要』10、二〇一六年）
新編岡崎市史編集委員会　『新編岡崎市史　中世』（第四章第二節、新行紀一氏執筆、新編岡崎市史編さん委員会、一九八九年）
新編岡崎市史編集委員会　『新編岡崎市史　近世』（新編岡崎市史編さん委員会、一九九二年）
新城市設楽原歴史資料館編　『古戦場は語る　長篠・設楽原の戦い』（風媒社、二〇一四年）
新城市設楽原歴史資料館編　『新城市設楽原歴史資料館開館二〇周年講演会講演集　【長篠・設楽原の戦い】とは』（二〇一七年）
鈴木真哉　『鉄砲隊と騎馬軍団　真説・長篠合戦』（洋泉社、二〇〇三年）
須藤茂樹　「穴山信君と畿内諸勢力―武田外交の一断面・史料紹介を兼ねて―」（『武田氏研究』四六、二〇一二年）
高橋　修　「「長篠合戦図屛風」を読む」（堀新編『信長公記を読む』吉川弘文館、二〇〇九年）
高柳光壽　『戦国戦記　長篠之戦』（春秋社、一九六〇年）
太向義明　『長篠の合戦―虚像と実像のドキュメント』（山梨日日新聞社出版局、一九九六年）
谷口克広　『戦争の日本史13　信長の天下布武への道』（吉川弘文館、二〇〇六年）
東京大学史料編纂所編纂　『大日本史料』第十編（東京大学出版会、一九六八年〜）
平山　優　「武田勝頼の軍事力編成」（柴辻俊六・平山優編『武田勝頼のすべて』、新人物往来社、二〇〇七年）
平山　優　「長閑斎考」（『戦国史研究』五八、二〇〇九年）
平山　優　『敗者の日本史9　長篠合戦と武田勝頼』（吉川弘文館、二〇一四年）
平山　優　『検証　長篠合戦』（吉川弘文館、二〇一四年）
平山　優　『武田氏滅亡』（KADOKAWA、二〇一七年）
福井県　『福井県史　通史編2中世』（一九九四年）
藤木久志　『雑兵たちの戦場　中世の傭兵と奴隷狩り』（朝日新聞社、一九九五年）

藤本正行『信長の戦争 『信長公記』に見る戦国軍事学』（講談社、二〇〇三年、初刊一九九三年）
藤本正行『長篠の戦い 信長の勝因・勝頼の敗因』（洋泉社、二〇一〇年）
藤本正行『再検証長篠の戦い 「合戦論争」の批判に答える』（洋泉社、二〇一五年）
丸島和洋『武田勝頼 試される戦国大名の「器量」』（平凡社、二〇一七年）
村井祐樹「東京大学史料編纂所所蔵『中務大輔家久公御上京日記』」（『東京大学史料編纂所研究紀要』一六、二〇〇六年）
山梨県『山梨県史 通史編2中世』（二〇〇七年）
山本浩樹「放火・稲薙・麦薙と戦国社会」（『日本歴史』五二一、一九九一年）
山本博文「長篠の戦い」（『国史大辞典』一〇、吉川弘文館、一九八九年）
東京大学史料編纂所各種データベース／ジャパンナレッジ（日本国語大辞典・国史大辞典・日本歴史地名大系）

【後記】

本書は、東京大学史料編纂所における共同利用・共同研究拠点の特定共同研究として実施された「関連史料の収集による長篠合戦の立体的復元」(二〇一〇〜一五年度)、および科学研究費補助金・基盤研究(B)「中世における合戦の記憶をめぐる総合的研究―長篠の戦いを中心に―」(二〇一二〜一五年度、課題番号二四三二〇一二三)、史料編纂所附属画像史料解析センタープロジェクト「長篠合戦図屏風プロジェクト」として進めてきた調査・研究の成果である(研究代表者はすべて金子)。

また、わたしが参加した史料編纂所特定共同研究「戦国合戦図の総合的研究」(二〇一六〜一八年度、研究代表者は一六・一七年度金子、一八年度黒嶋敏氏)、科学研究費補助金・基盤研究(C)「戦国時代における「大敗」の心性史的研究」(二〇一五〜一七年度、課題番号一五K〇二八二七、研究代表者黒嶋氏)の成果でもある。

右の研究のなかでわたしが長篠の戦いに関係してすでに発表した左記論文・著書の一部を再構成し、本書に組み込んでいる。

・「長篠の戦い後の織田信長と本願寺」(『白山史学』五三、二〇一七年)
・『鳥居強右衛門　語り継がれる武士の魂』(平凡社、二〇一八年)
・「織田信長にとっての長篠の戦い」(金子編『長篠合戦の史料学　いくさの記憶』勉誠出版、二〇一八年)
・「長篠の戦いにおける武田氏の「大敗」と「長篠おくれ」の精神史」(黒嶋敏編『戦国合戦〈大敗〉の歴史学』山川出版社、二〇一九年)

史料は読み下しもしくは現代語訳にて示した。読み下しにしたものについては、〈 〉や枠内に現代語訳も合わせて示した場合もある。本書で言及する史料のうち、奥野高広編『増訂織田信長文書の研究』(吉川弘文館)、柴辻俊六・黒田基樹・丸島和洋編『戦国遺文 武田氏編』(東京堂出版)収録文書を典拠とする場合は、それぞれ信〇号・武〇号のように文書番号をもって示した。

長篠の戦い関連年表

西暦	和暦	日付	事項
一五六〇	永禄三年		桶狭間の戦い。この後、山家三方衆の多くが徳川家康に従属する。
一五七二	元亀三年	十月	武田信玄、織田信長に敵対し、遠江に侵入する。
		十二月二十二日	三方原の戦い。
一五七三	元亀四年	四月十二日	武田信玄没す。
		五月	家康、長篠城を下見する。
		六月晦日	武田勝頼、山家三方衆の所領を安堵する。
		七月十二日	家康、長篠城攻撃を開始し、城内の建物が焼失する。
		七月二十八日	天正と改元される。
	天正元年	七月晦日	勝頼、奥平道紋・定能に出陣予定であることを報じる。
		八月二十日	家康、奥平定能・信昌に宛て起請文を書き、二人と密約を交わす。この結果定能・信昌は武田氏を離反し家康に従う。
		八月二十五日	勝頼、山県昌景に対し、長篠城の支援を命じる。
		八月二十六日	定能・信昌、宮崎の瀧山城に移る。
		九月八日	長篠城守将室賀信俊ら、降伏して長篠城を開城する。
		九月二十一日	瀧山城の定能ら、武田軍の攻撃を撃退する。
一五七四	天正二年	正月二十七日	武田軍、美濃岩村口から侵入し、明知城を囲む。
		二月四日	信長、佐久間信盛に武田軍を防ぐよう指示する。
		二月五日	信長、信忠とともに明知城支援のため出陣し、御嵩に陣取る。
		二月二十四日	これより以前、明知城が武田軍に降伏したため、信長父子、岐阜に帰る。
		六月五日	武田軍が遠江高天神城を囲んだという知らせが岐阜の信長のもとに届く。
		六月十四日	信長、高天神城支援のため出陣して岡崎城に入る。
		六月十七日	信長、吉田城に入る。
			高天神城主小笠原氏助、武田軍に降伏する。
		六月十九日	信長、氏助降伏の報を聞き、今切渡より兵を返す。

一五七五 天正三年	七月十二日	信長、伊勢長島の一向一揆を攻めるため出陣する。
	九月二十九日	長島の一向宗徒、信長に和を請い退城するも、信長、彼らを殲滅する。
	二月二十八日	奥平信昌、長篠城に入る。
	三月頃	信長、家康に対し、境目の城々に入れるための兵粮二〇〇〇俵を送る。家康、このうち三〇〇俵を長篠城に入れる。
	三月三日	信長、上洛する。
	三月十三日	家康、信長に兵粮提供の礼状を送る。
	三月二十二日	信長、長岡藤孝に対し、秋の本願寺攻めのため、丹波国船井・桑田両郡の侍を動員して合城構築を命じる。
	三月下旬	武田軍、足助口より三河に侵入する。
	四月六日	信長、軍勢を率いて河内に出陣し、その後本願寺周辺の苅田をおこなう。その後河内高屋城の三好康長、信長に降伏する。
	四月十五日	武田軍の先衆、足助城を攻撃し、城主鱸越後降伏する。その後浅賀井・阿須利・八桑・大沼・田代諸城の徳川方も城を去る。
	四月二十一日	信長、本願寺攻めより帰洛する。
	四月二十八日	勝頼、杉浦紀伊守に、本願寺の後詰のためとする三河侵攻の理由を述べる。 信長、京都から岐阜に帰る。
	四月二十九日	武田軍、二連木城を落とす。吉田城の家康、出撃して武田軍を迎え、「はぢかみ原」で交戦するも、武田軍に押され吉田城に引き返す。
	四月晦日	勝頼、ここまでの戦況と今後の予定を家臣の下条信氏に知らせる。
	五月一日	武田軍、長篠城を包囲する。
	五月六日	武田軍、三河月輪村にて徳川方の青山忠門らと戦い、忠門討死する。 勝頼、武田軍の一部を牛久保城方面に派遣し、所々を放火する。
	五月十日	家康、信長に援軍を要請する使者を派遣する。
	五月十一日	武田軍、渡合から長篠城を攻撃し、撃退される。
	五月十三日	武田軍、長篠城の瓢丸を攻撃し、撃退される。 信長・信忠、長篠城の後詰のため岐阜を出発する。
	五月十四日	武田軍、長篠城を攻撃するも撃退される。

		信長、岡崎城に入る。
		鳥居強右衛門、家康に支援を請うための使者として長篠城を出発する。
	五月十五日	信長、長岡藤孝に書状を出して鉄砲兵の派遣を謝し、さらなる増派を要請する。
		強右衛門、岡崎城に着き、信長・家康に信昌の要請を伝える。
	五月十六日	強右衛門、長篠城に戻ろうとするが、武田軍に捕らえられ、その後処刑される。
		信長、牛久保城に入る。
	五月十七日	信長、野田原に布陣する。
	五月十八日	武田軍、長篠城を攻撃し、応戦した松平勝次が負傷する。
		信長、長篠城を囲む武田軍に対し鉄砲兵を差し向ける。
	五月二十日	信長、長岡藤孝に対し書状を出し、ここまでの戦況を伝える。
		勝頼、今福長閑斎・三浦員久に書状を出し、ここまでの戦況を伝える。また、軍を寒狭川を越えて前進させ、連吾川の東に布陣する。
		戌の刻（午後八時）、酒井忠次の指揮する軍勢が鳶巣山に向け出発する。
	五月二十一日	早朝、酒井隊による鳶巣砦攻撃がおこなわれる。
		日の出後、武田軍、織田・徳川軍に向けて突撃を開始する。
		未の刻（午後二時）頃、武田軍敗走する。勝頼は武節城を経て信濃へ逃れる。
	六月	徳川軍、遠江二俣城を包囲する（十二月に開城する）。
	七月	徳川軍、三河光明城を陥落させる。
		奥平信昌・佐久間信盛の軍勢が武節城を陥落させる。
		織田信忠率いる軍勢が美濃岩村城攻めを開始する（十一月に陥落させる）。
	八月	信長、越前一向一揆を攻め、これを殲滅する。
	十一月	信長、従三位権大納言・右大将に叙任される。
	十二月	信長、織田家の家督と岐阜城を信忠に譲り、翌年より安土城築城を開始する。

【著者略歴】

金子 拓（かねこ・ひらく）

1967年山形市生まれ。

東北大学文学部卒業。同大学院文学研究科博士課程後期修了。博士（文学）。

日本学術振興会特別研究員を経て、東京大学史料編纂所助手。現在、同准教授。

主な著書に、『中世武家政権と政治秩序』（吉川弘文館、1998年）、『織田信長権力論』（同、2015年）、『織田信長という歴史』（勉誠出版、2009年）、『記憶の歴史学』（講談社、2011年）、『織田信長〈天下人〉の実像』（同、2014年）、『織田信長　不器用すぎた天下人』（河出書房新社、2017年）、『戦国おもてなし時代』（淡交社、2017年）、『鳥居強右衛門　語り継がれる武士の魂』（平凡社、2018年）、『信長家臣明智光秀』（同、2019年）、編著に『『信長記』と信長・秀吉の時代』（勉誠出版、2012年）、『長篠合戦の史料学　いくさの記憶』（同、2018年）などがある。

シリーズ・実像に迫る 021
長篠《ながしの》の戦《たたか》い　信長《のぶなが》が打《う》ち砕《くだ》いた勝頼《かつより》の〝覇権《はけん》〟

2020年1月10日　初版初刷発行

著　者　金子　拓
発行者　伊藤光祥
発行所　戎光祥出版株式会社
〒102-0083 東京都千代田区麹町1-7 相互半蔵門ビル8F
TEL：03-5275-3361（代表）　FAX：03-5275-3365
https://www.ebisukosyo.co.jp
編集協力　株式会社イズシエ・コーポレーション
印刷・製本　日経印刷株式会社
装　　丁　堀　立明
※当社所蔵の画像の転載・借用については当社編集部にお問い合わせください。

ISBN：978-4-86403-339-8